¡ ARRIBA !

2

Ana Kolkowska
Libby Mitchell

Adviser: Jacqueline Jenkins

Heinemann

Heinemann Educational Publishers,
Halley Court, Jordan Hill, Oxford OX2 8 EJ
a division of Reed Educational & Professional Publishing Ltd

OXFORD   MELBOURNE   AUCKLAND   BLANTYRE
IBADAN   JOHANNESBURG   GABORONE
PORTSMOUTH NH (USA)   CHICAGO

First published 1996

99 00 10 9 8 7 6 5   4

A catalogue record is available for this book from the British library
on request.

ISBN 0 435 39031 7

Produced by **Plum Creative**, East Boldre, Hampshire SO42 7WD

Illustrations by Nicholas Beresford-Davies, Dave Glover,
Lynda Knott, John Plumb, Samantha Rugen, and Andrew Warrington

Cover photograph of the Velez-Blanco Castle, Andalusia by Tony
Stone Images

Printed and bound in Spain by Mateu Cromo

Tabla de materias   página

1 ¿Cómo es tu dormitorio?

1 Escucha la cinta y mira el dibujo.
Hay una cosa en el dormitorio que no se menciona. ¿Cuál es?

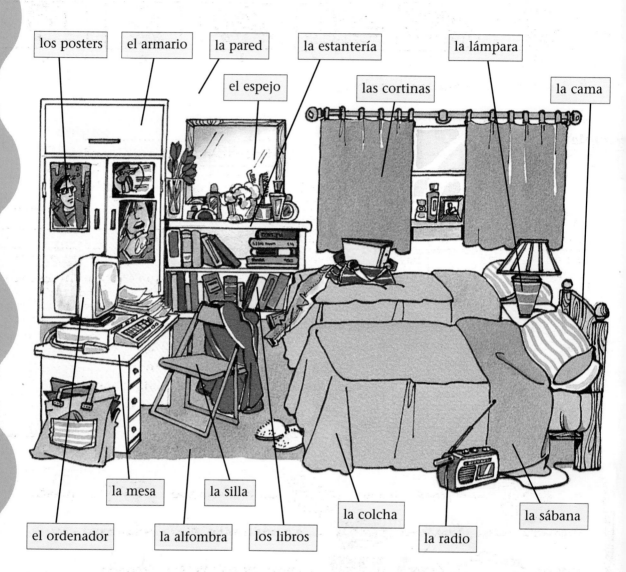

los posters   el armario   la pared   la estantería   la lámpara

el espejo   las cortinas   la cama

la mesa   la silla   la colcha   la sábana

el ordenador   la alfombra   los libros   la radio

2 Elige las nueve frases que describen el dormitorio en el dibujo.

a El dormitorio es grande.
b El dormitorio es pequeño.
c Tiene una cama.
d Tiene dos camas.
e Tiene una mesa y una silla.
f Hay un armario y una estantería.
g Hay un espejo.
h Hay posters de fútbol.

i Hay posters de cantantes y actores.
j Hay una radio y un ordenador.
k No hay televisor.
l Hay teléfono.
m Las colchas son azules y las sábanas son verdes.
n Las paredes son blancas.
o La alfombra es amarilla.

3 Escucha la cinta y escribe la letra apropiada para cada cosa que se añade a la lista en el juego.

A B C D E F

G H I J K L

4 Juega a 'En mi dormitorio' en clase.

5 Describe tu dormitorio a tu pareja.

ejemplo

¿Cómo es tu dormitorio?   Mi dormitorio es pequeño/grande.

¿Qué hay en tu dormitorio?   En mi dormitorio hay ...

Mi dormitorio	es	grande/pequeño.		
Comparto/no comparto		mi dormitorio con mi hermano/hermana.		
En mi dormitorio	hay	una cama/dos camas, una silla, un armario, un espejo, una estantería, una lámpara, una radio, un televisor, un teléfono.		
La alfombra	es	blanco/blanca	○	blancos/blancas
La colcha		azul	◔	azules
Las paredes	son	verde	◔	verdes
Las cortinas		marrón	●	marrones
Las sábanas		amarillo/amarilla	○	amarillos/amarillas
		rojo/roja	◕	rojos/rojas
		gris	◔	grises

6 Copia y completa.

Mi  ..... es pequeño. Tiene una ....., un armario y una ..... pequeña.

Tengo muchos posters y fotos de mis ..... y actores favoritos. Mi color preferido es el verde.

Tengo una ..... verde y ..... azules. Me gusta leer en mi dormitorio.

Comparto mi dormitorio con mi ..... Es bastante grande. Hay dos camas, una mesa, una

 ....., una silla y una ..... Tenemos un pupitre con una ..... y un ordenador.

Hago mis deberes en mi dormitorio y juego con el ..... También veo la tele. Tengo muchos

..... de mi equipo de fútbol preferido, F.C. Barcelona.

② Un día en la vida de un deportista

 1 Escucha la cinta, mira las fotos y pon las frases en el orden correcto.

Antonio Durán es deportista.
Es campeón regional de atletismo.
Nos habla de su rutina diaria.

a Me lavo los dientes.
b Me levanto a las cinco.
c Me quedo dos horas entrenando.
d Me preparo para ir al polideportivo.
e Me baño en casa.
f Como en casa.
g Me acuesto a las diez.
h Voy a correr antes del desayuno.

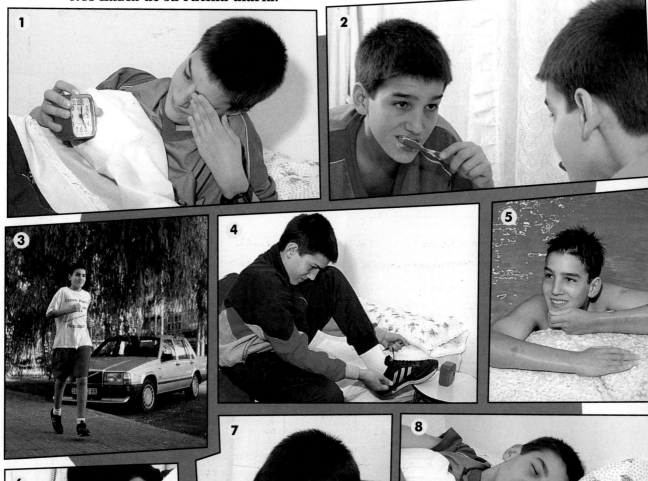

¿TE ACUERDAS?

antes	–	*before*
después	–	*after*

2 Elige las preguntas apropiadas para cada frase en la página 6.

1 ¿Cuánto tiempo te quedas en el polideportivo?

2 ¿A qué hora te acuestas normalmente?

3 ¿Comes en casa o en el polideportivo?

4 ¿Vas a correr antes o después del desayuno?

5 ¿Te preparas para ir al polideportivo?

6 ¿A qué hora te levantas normalmente?

7 ¿Te bañas en casa o en el polideportivo?

8 ¿Te lavas los dientes?

3 Haz las preguntas a tu pareja.

Ejemplo

¿Te lavas o te duchas por la mañana?

¿A qué hora te acuestas normalmente?

¿A qué hora te levantas normalmente?

¿Qué te pones para salir?

SOCORRO

me lavo - *I wash*

me lavo los dientes - *I brush my teeth*

me levanto - *I get up*

me quedo - *I stay*

me preparo - *I get ready*

me baño - *I have a bath*

me acuesto - *I go to bed*

me ducho - *I shower*

4 Lee el artículo sobre la rutina diaria de Antonio Durán. Compárala con tu rutina y con la rutina de tu pareja.

Ejemplo

Antonio	Yo	Hayley
Se levanta a las 5.	Me levanto a las 7.30.	Se levanta a las 7.45.

DURÁN A DIARIO

Antonio Durán, campeón regional de atletismo, se levanta normalmente a las cinco. Se lava los dientes y va a correr al parque antes del desayuno. Después del desayuno se prepara para ir al polideportivo donde se queda dos horas entrenando. Después se baña en casa y va a clase. Come en casa a las dos. Después de comer va al instituto otra vez y a las seis va al polideportivo. Se cambia y entrena un par de horas. Después se baña otra vez y se prepara para salir. Se pone sus vaqueros y sale un rato con los amigos. Cena a las nueve, ve un poco de televisión o estudia. Se acuesta a las diez.

GRAMÁTICA

levantarse - to get up

me levanto	nos levantamos
te levantas	os levantáis
se levanta	se levantan

¿Quieres saber más?

Mira la página 118.

③ ¡Qué día!

1a Es la noche del domingo. Fernando e Irene duermen y sueñan con las actividades del lunes. Compara los dibujos de la pesadilla de Fernando con el sueño de Irene. Busca la frase que describe cada dibujo.

LA PESADILLA DE FERNANDO

| **1** Me despierto tarde. | **2** No encuentro mis zapatos. | **3** No quiero desayunar. |

a No me acuerdo de la lección.
b Duermo mal.
c Pierdo el partido.
d Pierdo mi programa favorito.
e Pierdo el autobús.
f Empiezo mal los deberes.
g Vuelvo a casa tarde.
h Me duermo en clase.

SOCORRO

la pesadilla - *nightmare*	no quiero - *I don't want*	vuelvo - *I come back, return*
el sueño - *dream*	no me acuerdo - *I don't remember*	empiezo - *I begin*
encuentro - *I find*	duermo - *I sleep*	me siento - *I feel*
	pierdo - *I miss/lose*	me divierto - *I have a good time*

El sueño de Irene

1 Me despierto temprano.

2 Empiezo bien el día.

3 Me siento muy bien.

a   Me acuerdo de los deberes.
b   Duermo estupendamente.
c   Encuentro fácil la lección.
d   Juego bien al baloncesto.
e   Me divierto mucho con mi amigo.
f   No pierdo mi programa favorito.
g   Vuelvo a casa pronto.
h   Encuentro fáciles los deberes.

1b Ahora escucha la cinta y compara tu selección con la cinta.

2 ¿Cuántas de las frases se aplican a un día normal en tu vida? Suma un punto para cada frase positiva y quita un punto para cada frase negativa.

ejemplo

Juego bien al baloncesto = 1

Me despierto tarde = –1

GRAMÁTICA

querer	dormir
quiero	duermo
quieres	duermes

¿Quieres saber más?
Mira la página 118.

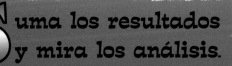

Suma los resultados **y** mira los análisis.

8 a 11
Tienes suerte. Un día estupendo.
4 a 7
Un día bastante bueno.
0 a 3
Un día regular.

–1 a –3
Un día malo.
–4 a –7
Un día terrible. Mala suerte.
–8 a –11
Un día fatal. ¡Quédate en la cama mañana!

4 ¿Ayudas en casa?

¡Ay no, son las siete y media! Tengo que estar en la oficina a las ocho.

¡Tú tranquila, mamá! Hoy ayudo en casa.

A ver... primero lavo los platos.

¡Oh, no!

Ahora barro el suelo.

Arreglo mi dormitorio. ¡Facilísimo! ... zapatos, jersey, vaqueros ... todo al armario.

Saco la basura.

Pongo la ropa en la lavadora. ... Ya está.

¡Oh no! Ahora friego el suelo.

Hago la cama. Rápido. Ya está.

¡Paso la aspiradora! ¡Olé!

Limpio el cuarto de baño.

Ahora plancho.

Hago las compras.

Tengo hambre.

Tengo sed.

Tengo sueño. No puedo cocinar. Es imposible. Estoy en huelga.

1 Escucha y lee. Luego ayuda a Jaime a leer las dos partes de la lista.

1 Lavar — a la ropa
2 Barrer — b la basura.
3 Poner la ropa — c las compras.
4 Limpiar — d en la lavadora.
5 Arreglar — e los platos.
6 Hacer — f el cuarto de baño.
7 Pasar — g los dormitorios.
8 Planchar — h la comida. i las camas.
9 Hacer —
10 Cocinar: preparar — j el suelo.
11 Sacar — k la aspiradora.

GRAMÁTICA

ayudar - to help	hacer - to do
ayudo	hago
ayudas	haces
ayuda	hace
ayudamos	hacemos
ayudáis	hacéis
ayudan	hacen

Arreglar, **lavar**, **limpiar** and **sacar** are regular -**ar** verbs that follow the same pattern.

¿Quieres saber más?
Mira las páginas 116 y 117.

2 Escucha la cinta. ¿Qué hace cada persona?

1

3 Escucha y lee.

1 Ayudo bastante en casa. Plancho, cocino, arreglo mi dormitorio. Pero mis hermanos no hacen nada. No es justo.

2 Ayudo bastante a mi madre porque ella trabaja. Lavo los platos, saco la basura y hago las compras. Mis hermanos pequeños también ayudan: arreglan su dormitorio y limpian sus zapatos.

3 ¿Ayudar en casa? ¡Ni hablar! Es aburrido. No hago nada en casa.

4 En mi familia todos ayudamos en casa. Mi padre y mi hermano cocinan muy bien. Mi madre hace las compras. Mis hermanas lavan los platos y yo paso la aspiradora y arreglo los dormitorios.

4 Trabaja con tu pareja.

ejemplo

¿Ayudas en casa? ¿Qué haces?

Arreglo mi dormitorio, lavo los platos ...

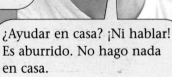

Mini test

- Ask someone to describe his/her bedroom
- Describe your bedroom
- Ask someone about his/her daily routine
- Tell someone about your daily routine
- Ask someone what he/she does to help at home
- Tell someone what you do to help at home

▶ 1-6 ◀

⑤ ¿Qué te gustaría hacer este fin de semana?

1 Escucha y lee.

¿Qué haces este fin de semana, Pili?

El sábado por la mañana quiero ir de compras y por la tarde me gustaría ir al cine.

¿Y el domingo?

El domingo... me gustaría ir a la playa o a la piscina.

Y tú, Jaime, ¿qué haces este fin de semana?

Me gustaría dormir hasta mediodía.

Bueno no sé...

Me gustaría salir a patinar con mis amigos.

Me gustaría marcar tres goles en un partido de fútbol.

...lo de siempre: ver la tele, ayudar en casa, salir en bicicleta.

Me gustaría ir a una discoteca y me gustaría salir con una chica guapa y simpática.

2 Elige las palabras apropiadas de la lista y completa una frase para cada dibujo.

Me gustaría ...
ir al cine.
ir a una discoteca.
ir a un partido de fútbol.
salir con mis amigos.
ir de compras.
tener una fiesta en casa.
ver la televisión.
escuchar música.
jugar al tenis.
jugar al fútbol.
ir a la piscina.
salir a cenar.

A

B

C

D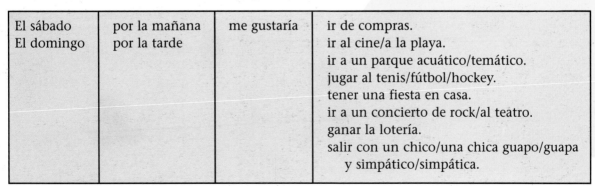

3 Escucha la cinta y decide si Patricia quiere hacer las actividades en la lista. Escribe sí o no para cada actividad.

	sí o no
ir a un partido de fútbol	
ir de compras	
tener una fiesta en casa	
salir a cenar	
ir al cine	

4 Di a tu pareja tres cosas o más que te gustaría hacer este fin de semana.

ejemplo

¿Qué te gustaría hacer este fin de semana?

Me gustaría ....

5 Escribe sobre tu fin de semana ideal.

El sábado El domingo	por la mañana por la tarde	me gustaría	ir de compras. ir al cine/a la playa. ir a un parque acuático/temático. jugar al tenis/fútbol/hockey. tener una fiesta en casa. ir a un concierto de rock/al teatro. ganar la lotería. salir con un chico/una chica guapo/guapa y simpático/simpática.

⑥ ¿En qué te gastas el dinero?

1 Escucha la cinta. Unas 5.000 pesetas al mes es lo que se gastan los jóvenes españoles.

¿En qué se gastan los jóvenes la paga?
MODA 50%
SALIR Y DIVERSIÓN 25%
MÚSICA 20%
COSMÉTICOS 5%

Miguel, 16 años

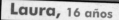

¿Te dan dinero tus padres, Miguel?
Sí, me dan 1.500 pesetas a la semana.
¿En qué te gastas el dinero?
Me encanta la música y no puedo pasar por una tienda de discos sin comprar alguno. Pero los discos compactos son muy caros. No siempre tengo suficiente con la paga que me dan mis padres.

Laura, 16 años

¿Te dan dinero tus padres, Laura?
Sí, me dan unas siete mil pesetas al mes.
¿En qué te gastas el dinero, Laura?
Me lo gasto todo en ropa y en salir con amigos.

Luis, 15 años

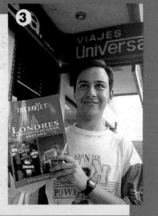

¿Cuánto dinero te dan tus padres, Luis?
Las cantidades que me dan varían.
Me dan entre cinco y ocho mil pesetas al mes.
¿En qué te lo gastas?
No me lo gasto. Estoy ahorrando para ir a Inglaterra en el verano.

Marina, 14 años

¿Cuánto dinero te dan tus padres a la semana, Marina?
Mis padres no me dan una cantidad fija pero me dan entre mil y dos mil pesetas a la semana.
¿En qué te gastas la paga?
Me compro ropa y cosméticos.

Jorge, 15 años

¿Te dan dinero tus padres, Jorge?
Pues no, no mucho, porque debo dinero a mis padres por la moto que tengo.

SOCORRO

la paga - *pocket money*	al mes - *a month*
el dinero - *money*	la cantidad - *amount*
a la semana - *a week*	estoy ahorrando - *I'm saving up*
la tienda - *shop*	el verano - *summer*
comprar - *to buy*	fijo - *fixed*
siempre - *always*	debo - *I owe*

GRAMÁTICA

gastarse - to spend

me gasto	nos gastamos
te gastas	os gastáis
se gasta	se gastan

me lo gasto en ... - I spend it ...

¿Quieres saber más?
Mira las páginas 113 y 118.

2a Escucha la cinta. ¿Cuánto dinero reciben los jóvenes? Empareja las cantidades de dinero con los nombres.

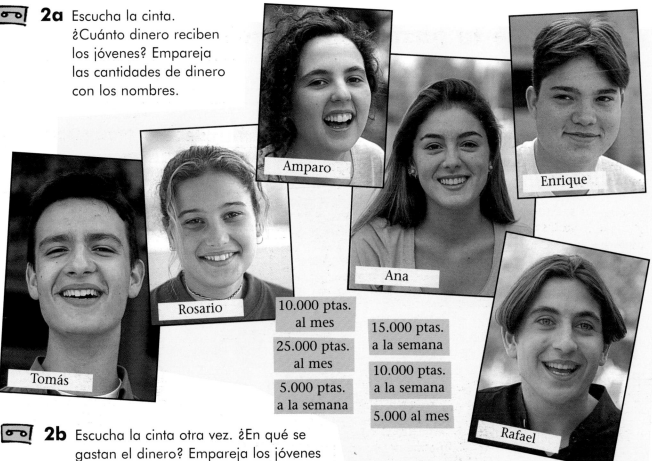

Amparo

Enrique

Ana

Rosario

Tomás

Rafael

10.000 ptas. al mes

25.000 ptas. al mes

5.000 ptas. a la semana

15.000 ptas. a la semana

10.000 ptas. a la semana

5.000 al mes

2b Escucha la cinta otra vez. ¿En qué se gastan el dinero? Empareja los jóvenes con los artículos.

3 Pregunta a tu pareja.

ejemplo

¿Te dan dinero tus padres?

Sí, me dan £5 a la semana.

¿En qué te gastas el dinero?

Me lo gasto en salir con mis amigos.

Me lo gasto en	ropa. discos compactos. videojuegos. cosméticos. salir con amigos.
Estoy ahorrando para	ir de vacaciones. comprar una bicicleta. un ordenador. un tocador de discos compactos. una cámara fotográfica.

4 Escribe cuánto dinero recibes y en qué te lo gastas. Enseña tu nota a tus compañeros de clase. ¿Cuántos reciben lo mismo y en qué se lo gastan?

7 A Port Aventura

1 Escucha la cinta. Busca a las personas en los dibujos.

1 Hoy vamos de excursión. Llegamos a Port Aventura. ¡Hay tantas atracciones!

Tu Tuki Splash

2 ¡Sensacional! ¿Dónde está Mari Ví?

Mira, allí está, encima del volcán.

Silver River Flume

3 ¿Dónde están Papá y Javier?

Allí están al final, en el agua.

Dragon Khan

4 ¡Qué miedo! ¡Mamá, Pedro! ¿Dónde estáis?

Aquí estamos, arriba del todo.

5 ... Y aquí abajo del todo. ¡Es muy divertido!

6 ¿Dónde estás, Javier?

Aquí estoy, delante de la cafetería. La comida es muy buena.

El Tifón

7 ¿Dónde está Pedro?

Está detrás de Mari Ví. Y Mari Ví está enfrente de Javier.

Kon Tiki

8

¿Quién está al lado de Javier?

Es Papá.

Allí están a la izquierda...

9

...y aquí a la derecha.

SOCORRO

encima de - *on top of*
al final - *at the end*
arriba de - *above*
abajo de - *below*
delante de - *in front of*
detrás de - *behind*
enfrente de - *opposite*
al lado de - *next to*
a la izquierda - *to the left*
a la derecha - *to the right*
sobre - *above, on top of*

2a ¿Son verdad o mentira estas frases? Corrige las frases que son mentira.

1 Mari Ví está enfrente del volcán.
2 Papá y Javier están al final de Silver River Flume.
3 Mamá y Pedro están enfrente y detrás de Dragon Khan.
4 Javier está sobre la cafetería.
5 En el Tifón, Javier está detrás de Mari Ví y Mari Ví está al lado de Pedro.
6 Papá está al lado de Javier.

2b Sin mirar a los dibujos di a tu pareja dónde están las personas.

ejemplo

¿Dónde está Javier?

Está delante de la cafetería.

GRAMÁTICA

The verb **estar** is used to describe where people and things are:

estoy	estamos
estás	estáis
está	están

¿Quieres saber más?
Mira la página 117.

⑧ Oriéntate

1 Mira el mapa de Port Aventura y escucha la cinta. Sigue las direcciones.

2 Perdón, señor.
¿Por dónde se va a Polynesia?

Toma la primera a la derecha, sigue todo recto y está al final de la calle.

1 Oiga, por favor.
¿Cómo se va a El Diablo?

Cruza el puente y sigue todo recto hasta Penitence Station. Dobla a la derecha y está enfrente de Cobra Imperial.

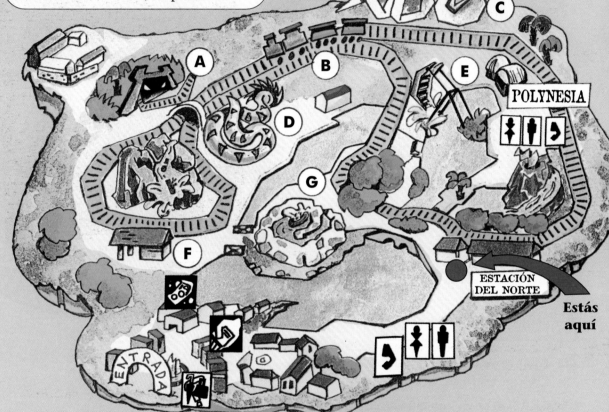

POLYNESIA

ESTACIÓN DEL NORTE

Estás aquí

3 Oiga, por favor.
¿Hay aseos por aquí?

Sí, están al lado de los teléfonos. Toma la primera a la derecha o dobla a la izquierda.

4 Oiga, por favor, ¿hay una oficina de objetos perdidos y un banco por aquí?

Sí, están en la entrada. Dobla a la izquierda y sigue todo recto. Cruza la plaza y el banco está a la derecha. La oficina de objetos perdidos está enfrente del banco, al lado de la taquilla.

Ⓐ El Diablo	Ⓔ Kon Tiki		aseos	taquilla
Ⓑ El tren de vapor	Ⓕ Penitence station			
Ⓒ Dragon Khan	Ⓖ Grand Canyon Rapids		Banco	oficina de objetos perdidos
Ⓓ Cobra Imperial				

SOCORRO

sigue todo recto - *go straight on*
cruza el puente - *cross the bridge*
dobla a la derecha/izquierda - *turn right/left*

toma la primera a la derecha - *take the first right*
está cerca - *it is close*
está lejos - *it is a long way away*
baja/sube la calle - *go up/down the street*
el tren de vapor - *steam train*
la taquilla - *ticket office*

2 Escucha la cinta. ¿Cómo se va a los lugares que buscan las personas?

3a Estás en la estación del Norte. Mira el mapa de Port Aventura y pregunta a tu pareja:

ejemplo

> Perdón, ¿por dónde se va a Kon Tiki?

> Toma la primera a la derecha y sigue todo recto. Está enfrente de Polynesia.

3b Pregunta a tu pareja:

ejemplo

> ¿Cómo se va a tu casa?

> Dobla a la izquierda. Toma la segunda a la izquierda. Cruza el puente y está enfrente del parque.

4a Escucha la cinta y mira la guía de Port Aventura. Contesta las preguntas.

El horario

- Esta temporada, los horarios son: Del 2 de mayo al 21 de junio y del 17 de septiembre al 29 de octubre de las 10h. a las 20h. Del 22 de junio al 16 de septiembre de las 10h. a las 24h.

Tarifa de precios

- 3.800 pesetas la entrada para adultos.
- Jóvenes mayores de 12 años pagan el precio de adulto.
- El precio de adulto por dos días es 5.200 pesetas.
- Un billete de abono cuesta 9.500 pesetas.

1 ¿A qué hora abre el parque temático?

2 ¿A qué hora cierra en agosto?

3 ¿Cuál es el precio de entrada para un adulto?

4 ¿Cuál es el precio de entrada para jóvenes mayores de 12 años?

5 ¿Cuál es el precio de adulto por dos días?

6 ¿Cuánto es un billete de abono?

4b Escucha la cinta otra vez. ¿Son correctas tus respuestas?

▶ 7–12 ◀

RESUMEN

Now you can:

- describe your bedroom and understand other people describing theirs

  Mi dormitorio tiene dos camas y un armario.
  Comparto mi dormitorio con mi hermana.

- ask people about their bedrooms

  ¿Cómo es tu dormitorio?

- talk and ask about daily routine

  Me levanto a las 6. Me ducho.
  ¿A qué hora te acuestas?

- talk and ask about helping at home

  Pongo la mesa y lavo los platos.
  ¿Ayudas en casa? ¿Qué haces?

- talk about what you would like to do

  Me gustaría ir al cine.

- ask others what they would like to do

  ¿Qué te gustaría hacer este fin de semana?

- talk and ask about pocket money

  Mis padres me dan dinero.
  Me dan £5 a la semana.
  ¿Te dan dinero tus padres?

- talk and ask about spending money

  Me lo gasto en ropa.
  ¿En qué te lo gastas?

- ask where someone or something is

  ¿Dónde está mi hermano?
  ¿Dónde están los servicios?

- say where someone or something is

  Está al final de la calle.
  Están enfrente de la entrada.

- ask for directions

  ¿Por dónde se va al banco?
  ¿Hay una piscina por aquí?

- understand and give directions

  Está cerca.
  Toma la primera a la derecha y cruza la plaza.

PREPÁRATE

A ESCUCHA

1 Escucha las direcciones en la cinta y emparéjalas con el dibujo apropiado.

B HABLA

1 Trabaja con tu pareja. Dile si haces o no haces las tareas en los dibujos.

2 Trabaja con tu pareja. Haz y contesta las siguientes preguntas.

¿Cómo es tu dormitorio?   ¿Compartes tu dormitorio?   ¿Qué hay en tu dormitorio?

C LEE

1 Lee las descripciones de tres días diferentes.
Decide cuál es un buen día, cuál es regular y cuál es un día fatal.

1 Duermo muy mal y me despierto tarde. Me duele mucho la cabeza. No encuentro mis zapatos. Pierdo el autobús. Llego tarde a clase. Tengo un examen de ciencias. Lo encuentro muy difícil. Tengo muchos deberes.

2 Me despierto temprano. Me levanto y me ducho. No pierdo el autobús. Llego a clase temprano. Juego bien al baloncesto. Encuentro fáciles las lecciones. Llego temprano a casa y veo mi programa favorito en la tele.

3 Duermo bien y me levanto un poco tarde pero no pierdo el autobús. Las lecciones son difíciles pero no tengo muchos deberes. Juego un partido de fútbol y vuelvo tarde a casa. No pierdo mi programa de televisión preferido y me acuesto temprano.

D ESCRIBE

1 Escribe una lista de ideas para planear un fin de semana ideal para celebrar tu cumpleaños.

ejemplo	*El sábado*		*El domingo*	
	por la mañana	*por la tarde*	*por la mañana*	*por la tarde*
	ir de compras	*ir al cine*	*ir a un partido*	*ir a un parque temático*

1 Una fiesta sorpresa

1a Escucha y lee. Luego escribe sí o no para cada frase.

a Es el cumpleaños de Carlos.
b Carlos y sus amigos van a salir a bailar.
c Carlos no va a salir porque no tiene dinero.
d Los amigos van a organizar una fiesta sorpresa.
e Van a hacer la fiesta en Navidades.
f Van a hacer la fiesta en Nochevieja.
g Carlos va a vivir en Australia.
h La fiesta va a empezar a las ocho y media.

1b Corrige las frases que no son correctas.

2 Trabaja con tu pareja. Pregunta y contesta.

ejemplo

> ¿Cómo vas a celebrar el Año Nuevo?

> ¿Adónde vas a ir?

¿Vas a ...?	hacer una fiesta en casa
Voy a ...	salir a bailar
	ir al cine
	salir a cenar
	ir a casa de unos amigos

3 Escucha la cinta. ¿Quién va a ir a la fiesta?

4

4 Lee el diálogo. Después copia y completa la invitación.

G R A M Á T I C A

voy a salir - I am going to go out
¿vas a salir? - are you going to go out?

¿Quieres saber más?
Mira las páginas 117 y 119.

> Voy a hacer una fiesta. ¿Quieres venir?

> Sí, me gustaría ir. ¿Cuándo es?

> Es el sábado.

> ¿A qué hora?

> A las ocho.

> ¿Dónde? ¿En tu casa?

> Sí, en mi casa.

> ¿Dónde vives?

> Vivo en la calle Principal, número quince.

> Bueno. Hasta luego.

Te invito a una fiesta.

¿Dónde?
Calle ....
número ....

¿Cuándo?
El ....

¿A qué hora?
A las ....

5a Invita a tu pareja a una fiesta.

ejemplo

> ¿Quieres venir a mi casa? Voy a hacer una fiesta el sábado por la tarde.

> Sí me gustaría ir./ Lo siento, no puedo. Tengo que ir al teatro.

5b Escribe una invitación a una fiesta.

2 En el supermercado

1 Javier tiene que ir de compras. Mira la lista de compras y escucha la cinta.

> Tienes que hacer la compra para la fiesta. Vamos a necesitar ...

un paquete grande de patatas fritas
500 gramos de chorizo
250 gramos de jamón serrano
una lata de sardinas
dos barras de pan
una caja grande de pasteles
una botella de limonada
medio litro de naranjada
un litro de Coca Cola
una docena de huevos
un bote de café
un cartón de leche

2 Escucha la cinta. ¿Son correctas las cantidades que compra Javier?

5

Javier va de compras.

EMBUTIDOS

¿Donde están las latas de sardinas?

BEBIDAS

¿Limonada?
¿Coca Cola?
¿Naranjada?

HUEVOS

¿Una docena de huevos?

PANADERÍA Y PASTELERÍA

¿Cuántas barras de pan?

CARNICERÍA

¿Chorizo?
¿Jamon?

¿Qué más?

SOCORRO

un paquete de patatas fritas - *bag of crisps*
una lata de sardinas - *tin of sardines*
una barra de pan - *loaf of bread*
una caja de pasteles - *box of cakes*
una docena de huevos - *dozen eggs*
un bote de café - *jar of coffee*
un cartón de leche - *carton of milk*

	de	
una botella		limonada
un litro		Coca Cola
medio litro		agua mineral
un kilo		queso
medio kilo		jamón
un cuarto kilo		chorizo
un bote		café
una barra		pan
una tableta		chocolate
un cartón		helado
media docena		huevos

3 Escribe una lista de comida para una fiesta ideal.

 4a Escucha la cinta y mira estas cestas.
Pon las cestas en el orden correcto.

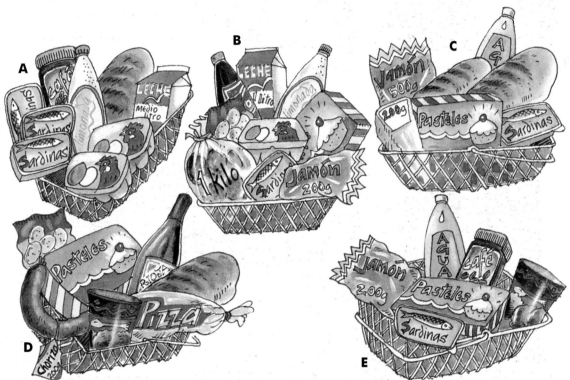

A B C D E

 4b Escucha otra vez y escribe cuánto cuestan en total.

4c Elige una de las cestas. Tu pareja tiene que adivinar cuál es.

ejemplo

¿Hay limonada? — Sí, hay una botella de limonada.

¿Hay huevos? — Sí, hay media docena de huevos.

¿Hay pan? — No, no hay pan.

③ En el mercado

1a Escucha al Sr. Ballester servir a sus clientes. Escribe una lista de las cosas que pide cada uno.

1b Escucha la cinta otra vez. Suma el precio total para cada cliente.

1c Trabaja con tu pareja. Pide los artículos de cada lista.

ejemplo

¿Qué desea?

Un kilo de tomates y medio kilo de plátanos, por favor.

¿Algo más?

Nada más gracias. ¿Cuánto es?

150 pesetas.

SOCORRO

la zanahoria - *carrot*
la lechuga - *lettuce*

¿TE ACUERDAS?

el plátano – banana
la naranja – orange
la pera – pear
las uvas – grapes
el tomate – tomato
la coliflor – cauliflower
las espinacas – spinach
la manzana – apple
el melón – melon
la patata – potato

UNA RECETA

GAZPACHO

**Una sopa fría de legumbres, típica de Andalucía.
Suficiente para 4 personas.**

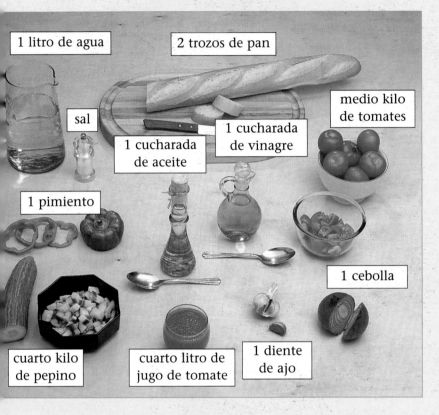

1 litro de agua

2 trozos de pan

sal

medio kilo de tomates

1 cucharada de aceite

1 cucharada de vinagre

1 pimiento

1 cebolla

cuarto kilo de pepino

cuarto litro de jugo de tomate

1 diente de ajo

2a Escribe una lista de los ingredientes necesarios para hacer un gazpacho.

2b Mira los dibujos y pon las instrucciones en el orden correcto.

a *Pon el pan en remojo en un poco de agua con el vinagre y el ajo durante 10 minutos.*

b *Sirve bien frío.*

c *Pica el ajo, el pepino, la cebolla, los tomates y el pimiento.*

d *Mete la sopa en la nevera.*

e *Pasa todos los ingredientes, incluso el agua y el aceite, por la batidora.*

SOCORRO

pon ... en remojo - *soak*	la nevera - *refrigerator*
el diente de ajo - *clove of garlic*	incluso - *including*
pica - *chop*	el aceite - *oil*
el pepino - *cucumber*	la batidora - *blender*
la cebolla - *onion*	el trozo - *slice*
el pimiento - *pepper*	la sal - *salt*
	el jugo de tomate - *tomato juice*

4 ¿Tenemos todo para la fiesta?

tenedores

cuchillos

vasos

platos

servilletas

globos

 1 Escucha la cinta y mira el dibujo, luego contesta las preguntas.

a ¿Cuántos tenedores hay?

b ¿Hay cuchillos?

c ¿Son grandes o pequeños los vasos?

d ¿Hay cucharas y platos?

e ¿De qué color son los globos?

f ¿De qué color son las servilletas?

2a Describe a tu pareja las cosas que hay en el dibujo.

2b Trabaja con tu pareja. Cierra el libro e intenta recordar todas las cosas en el dibujo.

3 Escucha la cinta. Empareja cada lugar con el nombre de la persona.

4 Describe a tu pareja dónde está cada persona.
Tu pareja dice cierto o falso.

ejemplo

Maite está detrás de la puerta.

Falso. Maite está debajo de la mesa.

Mercedes	está/están	debajo	de/del	la mesa.
Maite		detrás		la puerta.
Carmen		al lado		las cortinas.
Juan y José		delante		sofá.
Miguel		cerca/lejos		sillón.
Javier				los cojines.

5 Imagina que te escondes en el salón del dibujo.
Tu pareja te hace preguntas para adivinar dónde estás.

ejemplo

¿Estás cerca de la mesa?   No.

¿Estás detrás del sofá?   Sí.

Mini test

- Invite someone to a party
- Reply to an invitation to a party
- Ask for specific quantities of fruit and vegetables
- Ask for specific quantities of cold meats, bread and drinks
- Ask whether all the cutlery, food and drinks are on the table
- Say whether or not you have everything you need on the table

▶ 13–18 ◀

⑤ La fiesta

1 Escucha la cinta y lee.

¡Sorpresa, Carlos!

¡Felicidades!

¿Una fiesta? ¿Para mí? ¡Qué bien!

¿Qué quieres tomar, Carlos? ¿Una Coca Cola? ¿Un zumo?

Un zumo de naranja, por favor.

¿Quieres unas patatas fritas o unos cacahuetes?... ¿O prefieres tortilla?

Tortilla, gracias.

Maite, éste es Carlos.

Hola, Carlos, mucho gusto.

Encantado.

¿Quieres bailar, Maite?

Sí.

Más tarde ...

Son las doce. Es medianoche. ¡Feliz Año Nuevo!

¡Feliz Año Nuevo a todos! ¡Y gracias por la fiesta!

2 Empareja estas frases.

1 ¿Qué quieres tomar?
2 ¿Quieres unas patatas fritas?
3 ¿Conoces a Maite?
4 ¡Hola, Carlos, mucho gusto!
5 Voy a poner la música, ¿vale?

a Sí, vamos a bailar.
b No, no la conozco.
c Una naranjada, por favor.
d Sí, gracias, y unos cacahuetes también.
e Encantado.

3 Trabaja con tu pareja. Pregúntale qué quiere beber y comer.

Ejemplo

¿Qué quieres tomar? Quiero un zumo de naranja/una limonada, por favor.

¿Quieres patatas fritas/cacahuetes/tortilla...? Quiero ...

zumo de manzana

zumo de naranja

patatas fritas

cacahuetes

naranjada

limonada

Coca Cola

tortilla

pan

queso

jamón

4 Lee el diálogo del dibujo 4. Luego elige las palabras apropiadas en los espacios.

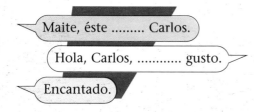

Maite, éste .... Carlos.

Hola, Carlos, ... gusto.

Encantado.

Carlos, ésta es Maite.

Hola, Maite, mucho ....

Encantada.

5 Trabaja en grupos de tres y presentaos. Emplea el diálogo de la actividad 4 pero con vuestros nombres.

G R A M Á T I C A

Notice how Carlos says *Encantado* to Maite. She replies *Encantada* because she is a girl.

⑥ Nochevieja

1a Es Nochevieja. Son las doce de la noche. Escucha la cinta. ¿Cuáles son los buenos propósitos de estos amigos para el Año Nuevo?

1b ¿Cuántos de estos propósitos vas a hacer tú?

2 Empareja las frases con los dibujos.

a Voy a levantarme temprano.
b Voy a preparar el desayuno.
c Voy a hacer los deberes.
d Voy a jugar al baloncesto.
e Voy a lavar el coche.
f Voy a ver la televisión.
g Voy a poner la mesa.
h Voy a acostarme pronto.

6

3 Pregunta a tu clase.

ejemplo

¿Cuál es tu buen propósito para el Año Nuevo?

Voy a estudiar más.

Voy a	lavar los platos	hacer de canguro	más.
	pasar la aspiradora	ponerme en forma	más a menudo.
	arreglar mi dormitorio	hacer deporte	todos los días.
	limpiar el polvo	practicar el ciclismo	todas las semanas.
	ahorrar para mis vacaciones	repartir periódicos	todas las noches.
	acostarme temprano	quedarme en casa	todas las mañanas.

4 Escribe tres buenos propósitos para el Año Nuevo.

7 De compras en el Corte Inglés

1 Mira el directorio y escucha la cinta. ¿A qué plantas y a qué secciones van los amigos?

DIRECTORIO
El Corte Inglés

5	**HOGAR MENAJE ELECTRODOMÉSTICOS** **CAFETERÍA Y RESTAURANTE** FERRETERÍA • REGALOS
4	**MUEBLES Y DECORACIÓN** **HOGAR TEXTIL OPORTUNIDADES** AGENCIA DE VIAJES • CENTRO DE SEGUROS • PROMOCIONES
3	**TODO PARA LOS JÓVENES** **DEPORTES** DEPARTAMENTO DE CUENTAS • JUGUETERÍA
2	**MODA MUJER** **TEJIDOS Y MERCERÍA** **ZAPATERÍAS** PELUQUERÍA DE SEÑORAS
1	**MODA HOMBRE MODA INFANTIL** **ELECTRÓNICA SONIDO TELEVISIÓN** PELUQUERÍA DE CABALLEROS
B	**COMPLEMENTOS DE MODA** PERFUMERÍA • PAPELERÍA • LIBRERÍA • DISCOS

Tenemos que comprar los regalos de Reyes.

Es verdad. Entramos al Corte Inglés.

2 ¿Qué vas a comprar para tu padre?

Voy a comprarle un jersey. Vamos a la sección de caballeros.

6 ¡Mmm! ¡Me gusta ésta! Cuesta 750 pesetas.

Me la llevo.

7 ¿Qué vas a comprar para tus hermanos?

Vamos a ver en la sección audiovisual. Está en la primera planta.

8 *Más tarde ...*

¿Qué vas a comprar para tu prima?

No sé. Vamos a la sección de juguetes en la tercera planta.

7 **2** Escucha la cinta. ¿En qué sección puedes oír estas frases?

3 Mira el directorio y pregunta a tu pareja en qué planta están las diferentes secciones.

ejemplo

¿En qué planta está la sección de juguetes?

En la tercera planta.

4 Escucha la cinta. ¿Qué van a comprar
8 estos jóvenes?

G R A M Á T I C A

me **lo** llevo – I'll take it
me **los** llevo – I'll take them

¿Quieres saber más?
Mira la página 113.

3 ¿Dónde está la sección de caballeros?

Está en la primera planta. Subimos en la escalera mecánica.

4 Me gusta este jersey. ¿Cuánto cuesta?

6.000 pesetas.

Me lo llevo.

Voy a comprar una colonia para mi madre. ¿Dónde está la perfumería?

5

Está en la planta baja.

9 Creo que le gustarían estos muñecos. Cuestan 900 pesetas.

Me los llevo.

10 ¡Uff! Tengo sed. ¿Dónde está la cafetería?

Está en la última planta.

11 ¡Espera, no tengo dinero!

¿Ni para una limonada?

No, nada. ¡Ni un duro ...!

GRAMÁTICA

10°/ª	décimo/a	- tenth
9°/ª	noveno/a	- ninth
8°/ª	octavo/a	- eighth
7°/ª	séptimo/a	- seventh
6°/ª	sexto/a	- sixth
5°/ª	quinto/a	- fifth
4°/ª	cuarto/a	- fourth
3°/ª	tercero/a	- third
2°/ª	segundo/a	- second
1°/ª	primero/a	- first

5 Escribe una lista de regalos para tu familia. Pregunta a tu pareja dónde puedes encontrarlos.

ejemplo

¿Qué vas a comprar para tu madre?

Un vestido.

¿Dónde hay vestidos?

En la sección de señoras.

¿En qué planta está?

En la segunda planta.

8 Felices fiestas

En México las fiestas de Navidad empiezan el 16 de diciembre con las posadas. Las posadas representan el viaje de María y José a Belén.

Durante las posadas hay fiestas con piñatas para los niños. Las piñatas contienen caramelos y otros regalos pequeños. Los niños rompen la piñata con un palo y salen todos los regalos.

El 24 de diciembre se llama Nochebuena. En España la gente va a la misa del gallo a medianoche y tiene una cena especial en casa.

En Colombia y en Venezuela el Niño Jesús da los regalos a los niños.

Otra tradición de Navidad en Colombia es decorar globos.

En Puerto Rico grupos de chicos van de casa en casa a cantar villancicos.

1 Lee sobre las tradiciones de Navidad en España y Latinoamérica. Luego contesta las siguientes preguntas.

a ¿Cuándo empiezan las fiestas de Navidad en México?

b ¿Qué hay dentro de una piñata?

c ¿Cuándo es la misa del gallo?

d ¿Cómo se llaman las canciones de Navidad?

e ¿Qué es el turrón?

f ¿Qué es un belén o nacimiento?

g ¿Quiénes traen los regalos a los niños en España? ¿En qué día?

h ¿Dónde celebran la Navidad en verano?

La Flor de Navidad es un símbolo de la Navidad en todos los países de habla española.

Un dulce especial de Navidad en España es el turrón. Contiene almendras y miel.

Una tradición de España y de Latinoamérica es hacer un belén o nacimiento. Es una escena en miniatura del nacimiento de Jesús. En Costa Rica la gente decora los nacimientos con flores, especialmente orquídeas.

En Chile y en Argentina la Navidad es en verano.

En España los niños reciben regalos de los Reyes Magos el 6 de enero.

SOCORRO

Felices fiestas- *Merry Christmas*
empiezan - *they begin*
el viaje - *journey*
Belén - *Bethlehem, crib*
los niños - *children*
los regalos - *presents*
Nochebuena - *Christmas Eve*
la misa del gallo - *midnight mass*
a medianoche - *at midnight*
los villancicos - *Christmas carols*
el dulce - *sweet*
las almendras - *almonds*
la miel - *honey*
el nacimiento - *birth, crib scene*
la Flor de Navidad - *poinsettia*
en verano - *in summer*

2 Ahora contesta estas preguntas sobre la Navidad u otras fiestas que celebras.

a ¿Celebras la Navidad en tu casa? ¿Qué otras fiestas celebras? ¿Cuándo?

b ¿Das regalos? ¿A quién das regalos?

c ¿Vienen amigos o familia a tu casa? ¿O visitas a tu familia o amigos?

d ¿Tienes una cena o una comida especial en tu casa? ¿Qué comes? ¿Comes pavo, pescado, arroz, patatas?

e ¿Comes muchos dulces? ¿Qué comes? ¿Chocolate, caramelos, turrón, fruta, almendras?

f ¿Cantas villancicos u otras canciones? ¿Cuándo?

g ¿Qué te gusta más de las fiestas?

h ¿Qué aspectos no te gustan?

▶ 19–24 ◀

RESUMEN

Now you can:

- say what you are going to do

  Voy a salir a cenar. Vamos a tener una fiesta.

- ask what others are going to do

  ¿Vas a salir? ¿Qué vas a hacer?

- talk about quantities and ask about prices

  Déme un litro de limonada y 250 gramos de jamón.
  ¿A cuánto están los tomates?

- understand a shop assistant

  ¿Qué desea? ¿Algo más? No hay pan.
  Están a 50 ptas. el kilo.

- talk about laying the table

  ¿Hay servilletas? Sí, hay diez.

- welcome and introduce people

  ¡Bienvenido! ¿Conoces a Maite?

- find your way around a department store

  La sección de perfumería está en la planta baja.

- say you will buy something

  Me lo llevo.

- talk about Christmas in the Spanish-speaking world

  Nochebuena se celebra el 24 de diciembre.
  ¡Felices fiestas!

¡Ven a mi fiesta!

¡VOY A DAR UNA FIESTA!

```
54043088  3 01788 3664388 071195/10:19
71206 DULCE LECHE
71207 MUESLI FRUTAS        1      425
71188 MINARINA             1      410
71188 LECHE U.H.T.         1      122
72183 FIAMBRES             1      103
71206 CRISPY MUESLI        1      229
71180 ZUMO                 1      309
71206 PAN CEN/TRIGO        1       95
                           1      143

        TOTAL COMPRA SUPER        1836
               EFECTIVO           5000
               CAMBIO             3164
         (A/   103 (B/  COBRADO   1836
EXPOELECTRONICA 95 PTA PRIMERA-NERVION
```

PREPÁRATE

A ESCUCHA

1 Escucha la cinta. Escribe las letras de las cosas que no
tienen los amigos.

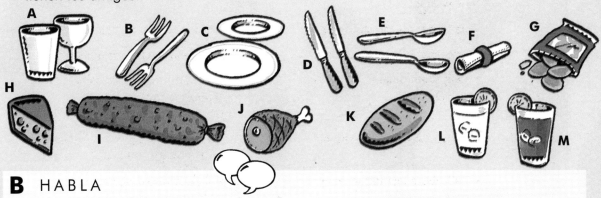

B HABLA

1 Trabaja con tu pareja. Invítale a
una de estas fiestas. Tu pareja tiene
que responder a la invitación.

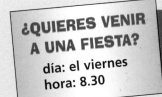

**¿QUIERES VENIR
A UNA FIESTA?**
día: el viernes
hora: 8.30

¡Hay una fiesta!
¿cuándo? el sábado
¿a qué hora? 9.00
¿dónde? en mi casa

2 Elige las palabras apropiadas de la
lista y pide la comida y bebida de
los dibujos.

una botella   200 gramos
medio kilo   un paquete
un kilo   una barra

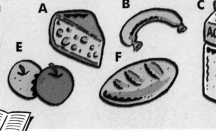

C LEE

1 Mira el dibujo y lee las frases. Escribe cierto o falso para cada frase.

a El gato está en el sofá.
b El perro está debajo de la silla.
c El chico está delante de la puerta.
d Hay una serpiente encima de la puerta.
e Hay un ratón debajo de la alfombra.

D ESCRIBE

1 Vas a tener una fiesta en casa. Escribe una lista de las cosas
que necesitas para la fiesta.

2 Escribe cinco frases para describir dónde te sientas en la clase.

Me siento lejos/cerca de la pizarra.
Me siento al lado/delante/detrás de Pablo/Juan/Isabel.

Una invitación

1a Escucha la cinta y lee.

1 ¿Diga?

Hola, Cristina. Soy María José. ¿Qué tal?

Bien, bien, ¿y tú?

Estupendo ...

2 ... Mira, Cristina. Quiero invitarte a pasar unos días en Sevilla.

Me encantaría ir a verte. ¿Cuándo?

3 ¿Puedes venir para Semana Santa?

De acuerdo. No hay problema.

¿Te puedes quedar una semana?

Pues, creo que sí. Estoy libre.

4 ¡Fenomenal! Puedes venir en tren.

Es verdad. Puedo ir en el AVE.

Buena idea.

5 Gracias por la invitación, María José. Tengo muchas ganas de verte.

Lo vamos a pasar muy bien.

Me gustaría mucho conocer a tu familia.

Y Sevilla te va a gustar mucho.

1b Termina las frases con las palabras apropiadas.

1 María José invita a Cristina a pasar ...
2 Cristina puede ir para ...
3 Cristina se puede quedar ...
4 Cristina puede ir ...
5 Cristina tiene ganas de ver ...
6 María José y Cristina lo van a pasar ...
7 A Cristina le gustaría conocer ...
8 A Cristina le va a ...

a ... a María José.
b ... gustar mucho Sevilla.
c ... unos días en Sevilla.
d ... muy bien.
e ... a la familia de María José.
f ... en tren.
g ... una semana.
h ... Semana Santa.

GRAMÁTICA

poder - to be able to

puedo	podemos
puedes	podéis
puede	pueden

puedo venir - I can come

¿Quieres saber más?
Mira la página 118.

2 Escucha la cinta y pon los papeles en el orden correcto.

3 Mira los dibujos e invita a tu pareja. Después acepta su invitación.

¿TE ACUERDAS?

enero – *January*
febrero – *February*
marzo – *March*
abril – *April*
mayo – *May*
junio – *June*
julio – *July*
agosto – *August*
septiembre – *September*
octubre – *October*
noviembre – *November*
diciembre – *December*

15 días – *a fortnight*
a principios de – *at the beginning of*
de x a y – *from x to y*
una semana – *week*

ejemplo

Quiero invitarte a pasar un fin de semana en Swansea.

Me encantaría. ¿Cuándo?

¿Puedes venir del ocho al once de mayo?

De acuerdo.

Puedes venir en autocar.

Buena idea.

4 Lee la carta que Cristina escribe a María José para confirmar su visita a Sevilla y contesta las preguntas:

1 ¿De qué tiene muchas ganas Cristina?
2 ¿Cuándo llega?
3 ¿Por cuánto tiempo se queda con María José?
4 ¿Cómo va Cristina a Sevilla?
5 ¿Qué le va a decir a María José por teléfono?

5 Escribe una carta parecida para aceptar una de las invitaciones de los dibujos de la actividad 3.

Madrid, 14 de febrero

Querida María José:

Gracias por tu llamada y por la invitación para ir a pasar unos días en tu casa. Estoy encantada de poder aceptar tu invitación. Tengo muchas ganas de verte y de conocer a tu familia. Estoy segura que Sevilla me va a gustar mucho.

Llego el 23 de marzo. Me quedo en Semana Santa, si no es inconveniente para tus padres. Voy en tren, en el AVE. Te llamo más adelante para decirte a qué hora llega el tren a Sevilla.

Saludos a tu familia.
Un abrazo, Cristina.

② ¿A qué hora sale el tren?

El AVE (alta velocidad española) es un tren moderno muy rápido que va de Madrid a Sevilla.

SOCORRO
la salida - *departure*
la llegada - *arrival*

1 Escucha la cinta. ¿A qué hora salen los trenes?

a	7.00	**d**	10.00	**g**	13.00	**j**	17.00
b	8.00	**e**	11.00	**h**	14.00	**k**	19.00
c	9.00	**f**	12.00	**i**	15.00	**l**	21.00

2a Escucha la cinta. ¿Cuánto tiempo dura el viaje de Madrid a Sevilla en el AVE?

a 2 horas y 10 minutos – 2 horas y 15 minutos
b 2 horas y 15 minutos – 2 horas y 40 minutos
c 3 horas y 10 minutos – 3 horas y 30 minutos

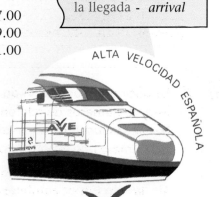

ALTA VELOCIDAD ESPAÑOLA

2b Escucha la cinta otra vez y elige las horas correctas de las llegadas que oyes en el horario.

a	9.15	**d**	11.30	**g**	13.30	**j**	19.30	**m**	23.30
b	9.40	**e**	12.30	**h**	16.25	**k**	21.00	**n**	23.35
c	11.00	**f**	13.00	**i**	18.25	**l**	21.30		

3 Cristina quiere ir a Sevilla el sábado por la mañana.
Mira los horarios y contesta estas preguntas:

a ¿A qué hora salen los trenes los sábados por la mañana?

b ¿A qué hora llegan estos trenes a Sevilla?

c ¿Cuánto tiempo dura el viaje de Madrid a Sevilla?

d Si quiere llegar a Sevilla a la una y media, ¿a qué hora tiene que salir de Madrid?

MADRID Puerto de Atocha • CIUDAD REAL • PUERTOLLANO • CORDOBA • SEVILLA Santa Justa

TIPO DE TREN (*)	VALLE	LLANO	PUNTA	LLANO	LLANO	PUNTA	LLANO	LLANO	LLANO	LLANO	PUNTA	LLANO	LLANO	LLANO
NUMERO DE TREN	9614	9664	9616	9618	9622	9628	9630	9632	9634	9636	9638	9640	9642	9644
OBSERVACIONES		(1)(A)	(2)(A)				(3)(A)	(4)(A)		(5)(A)		(4)(A)		(3)(A)
DIAS DE CIRCULACION	LMXJVSD	LMXJV••	LMXJVS•	LMXJVSD	LMXJVSD	LMXJVSD	••••V••	LMXJV•D	LMXJVSD	LMXJV•D	LMXJVSD	LMXJV•D	LMXJVSD	••••V••
MADRID Puerto de Atocha	7:00	7:30	8:00	9:00	11:00	14:00	15:00	16:00	17:00	18:00	19:00	20:00	21:00	22:00
CIUDAD REAL	7:51	-	-	-	-	-	-	-	-	-	-	-	21:49	-
PUERTOLLANO	8:08	-	-	-	-	-	-	-	-	-	-	-	22:05	-
CORDOBA	8:57	9:14	-	10:44	12:44	15:41	16:44	17:44	18:44	19:44	20:44	21:44	22:52	23:41
SEVILLA Santa Justa	9:40	10:00	10:15	11:30	13:30	16:25	17:30	18:30	19:30	20:30	21:30	22:30	23:35	00:25
RESTAURACION	☕	☕	☕	☕	🍴	🍴	🍴	🍴	🍴	🍴	🍴	🍴	🍴	🍴

4 Imagina que quieres ir de Madrid a Sevilla.
Elige el día que quieres ir y pregunta a tu pareja:

ejemplo

¿A qué hora sale el primer tren de Madrid para Sevilla los lunes por la mañana/los viernes por la tarde?

Sale a las ...

¿A qué hora llega a Sevilla?

Llega a las .....

¿Cuánto tiempo dura el viaje?

El viaje dura entre ....

5 La oficina de turismo te da una lista de números de teléfono en Sevilla. Escucha bien y escribe los números de teléfono de:

a la estación de Santa Justa
b la estación de autobuses
c información turística
d el aeropuerto
e urgencias médicas.

Telefónica

Telefónica de España.

• Esta tarjeta sólo puede venderse precintada en establecimientos autorizados o máquinas expendedoras.
• Para cualquier reclamación llame al teléfono 900 127 127

1000 PTA

Impuestos indirectos incluidos

B013172874

cabiTel

Publicidad en tarjetas
Pza. Carlos Trías Bertrán, 7. Azca
28020 Madrid - Tel.:(91) 597 44 26
C.I.F.: A - 78 / 288743

③ Billete y reserva

1 Escucha la cinta y lee. Hay cinco datos incorrectos en el billete. ¿Cuáles son?

2 Escucha la cinta. ¿Adónde van los jóvenes? ¿Y cuándo?

3 Descifra los anagramas y completa estas preguntas y frases.

a Quiero comprar un LLETEBI para ir a Sevilla.
b ¿Cuándo REQUIE ir?
c Quiero ir el sábado por la ÑANMAA.
d ¿A qué ROHA?
e A las CEON.

f ¿Puedo reservar un SIENTOA?
g Sí, claro. ¿MUFA usted?
h No, no MUFO.
i Aquí tiene US billete.
j Claro que ÍS.

5 ¿Puedo reservar un asiento?

Claro que sí. ¿Fuma usted?

No, no fumo.

6 No fuma. Muy bien. Su asiento es el 6D

7 ¿Cuánto es?

Son dieciocho mil cuatrocientas pesetas. Aquí tiene, su billete y reserva.

Gracias.

Billete y Reserva

CIF G28018749

790131486673   03214

339 SWPA7901
00000000 8669

F-304460

Nombre :							
Tren	Clase	Fecha	Salida	Llegada	Coche	Plaza	Departamento
AVE29	T	24/11	14.00	16.25	0006	07D	NO FUMA

De SEVILLA SJ   A PTA.ATOCHA

Tarifa   410   TARIFA GENERAL

Forma de pago
TC DUC. 0375690611211009

Total pts   18400
Incluido SOV e IVA

4 Trabaja con tu pareja.
Haz el diálogo de la actividad 3.

5 Trabaja con tu pareja y por turnos haz los papeles de Cristina y del oficial de Renfe.

GRAMÁTICA

You have used these words to make questions:

¿dónde ...?	where ...?
¿cuándo ...?	when ...?
¿a qué hora ...?	at what time ...?

In other questions you simply use the relevant verbs:

¿puedo reservar ...?	can I reserve ...?
¿fuma usted?	do you smoke?

¿Quieres saber más?
Mira la página 115.

4 ¿Qué me hace falta?

1a Escucha la cinta.

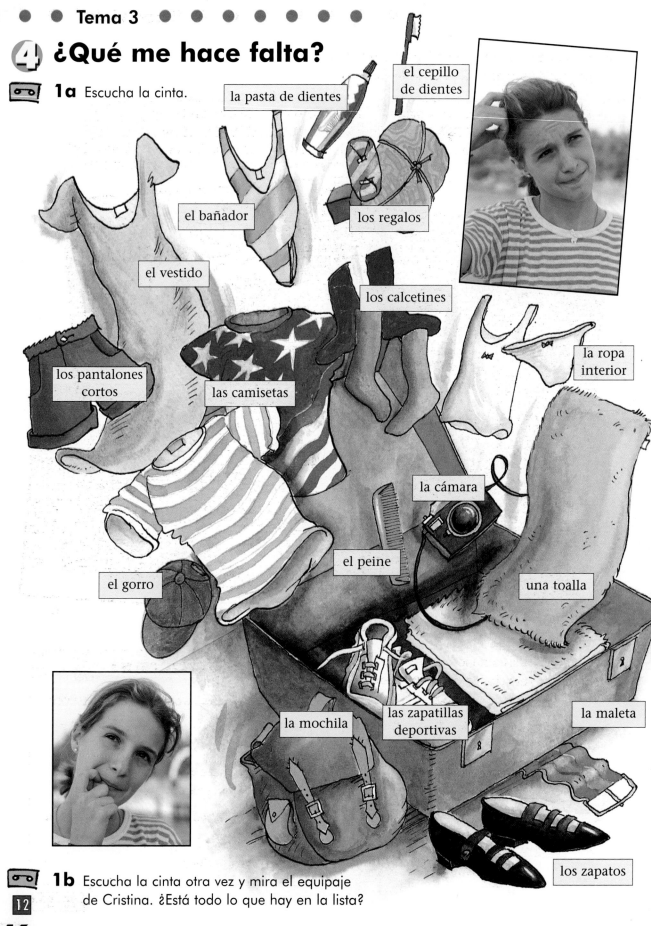

el cepillo de dientes

la pasta de dientes

el bañador

los regalos

el vestido

los calcetines

la ropa interior

los pantalones cortos

las camisetas

la cámara

el peine

una toalla

el gorro

la mochila

las zapatillas deportivas

la maleta

los zapatos

1b Escucha la cinta otra vez y mira el equipaje de Cristina. ¿Está todo lo que hay en la lista?

12

2 Pregunta a tu pareja qué le hace falta llevar para ir de vacaciones a estos lugares.

ejemplo

¿Necesitas un bañador?

No, pero me hace falta un jersey.

¿Te hace falta un anorak?

Sí, me hacen falta un anorak y unas botas.

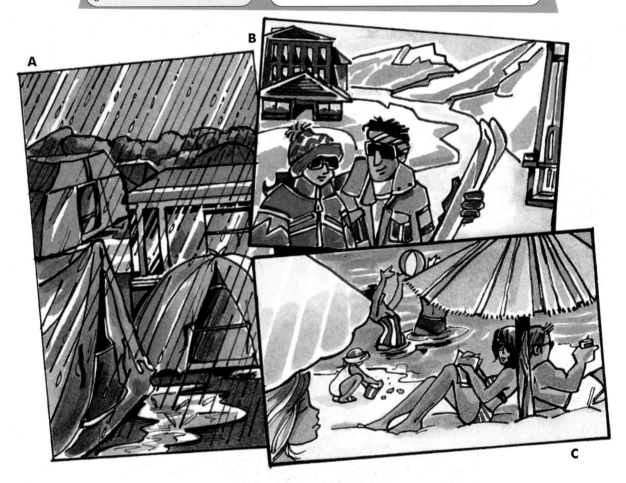

A

B

C

3 Escribe una lista de lo que te hace falta llevar para las vacaciones de la actividad 2.

G R A M Á T I C A

hacer falta - to need

me	hace(n) falta	nos	hace(n) falta
te	hace(n) falta	os	hace(n) falta
le	hace(n) falta	les	hace(n) falta

¿Quieres saber más?
Mira la página 113.

Mini test

- Invite a friend to come to stay with you
- Accept your friend's invitation to stay with him/her
- Ask what time a train leaves and arrives at a certain place
- Buy a return train ticket and reserve a seat
- Tell a friend what you need to pack to take on a holiday

▶ 25–30 ◀

5 En la estación de Atocha

1 Escucha la cinta.

2 Pregunta a tu pareja.

ejemplo

¿Dónde está el despacho de billetes?   Está enfrente del aseo de caballeros.

3a Escucha los anuncios. ¿Llegan o salen los trenes anunciados?

3b Escucha la cinta otra vez y pon los dibujos en el orden correcto.

3c Pregunta a tu pareja si llegan o salen los trenes.

ejemplo

¿Llega el tren en vía 3? Sí, llega el tren.

No, el tren sale .

G R A M Á T I C A

faltar - to remain, to be left, to be missing

¿quién falta? - who is missing?

¿qué falta? - what is missing?

¿cuánto tiempo falta? - how much time is left?

faltan cinco minutos - there are five minutes to go

faltan Ángela y María - Angela and Maria are missing

¿Quieres saber más? Mira las páginas 115 y 116.

SOCORRO

la llegada - *arrival*

la vía - *track/platform*

faltan x minutos

   - *there are x minutes to go*

la salida - *departure*

---

cuarenta y nueve **49**

⑥ En tren

1a Empareja las frases con los globos vacíos.

1 ¿Está ocupado este asiento?

Ya salimos.

Es verdad.

2 El tren sale a las once, ¿no? ¿Cuánto tiempo falta?

4 Voy a la cafetería. ¿Quieres tomar algo?

¿Vas a Sevilla de vacaciones?

5 A ver ... ponen 'Waterworld'.

Podemos dar una vuelta por Sevilla, tú y yo.

6 Voy a ver a mi abuela.

7 Vale.

El 72 44 98.

a ¿Cuál es tu número de teléfono?
b ¡Qué rápido! Esto es como ir en avión.
c ¿Ponen una película?
d A ver ... faltan cinco minutos.
e Bueno, un agua mineral.
f Sí, voy a pasar unos días con una amiga. ¿Y tú?
g No, está libre.

1b Escucha la cinta. Mira a ver si es correcta tu selección.

2 Mira este compartimento. Pregunta a tu
pareja si están libres u ocupados los asientos.

ejemplo

¿Está libre el asiento número 6?

No, está ocupado.

3 Escucha la cinta. ¿A qué hora sale
cada tren? ¿Cuánto tiempo falta?
¿Cuánto tiempo dura cada viaje?

4 Mira el horario de trenes y mira la
hora. Pregunta a tu pareja:

ejemplo

¿Cuánto tiempo falta para
el tren que va a Sevilla?

Faltan 30 minutos.

Salidas

18:05

Tren	Destino	Hora	Vía	Observaciones
AVE	SEVILLA	18:35	1	
INTERCITY	GETAFE	18:40	3	
TALGO	BARCELONA	19:20	2	
RÁPIDO	TOLEDO	19:45	4	

7 De viaje

1 Escucha y lee.

1 Hola. Es muy cómodo, ¿verdad?

Sí.

2 Es más fácil que ir en avión y es más barato también.

Sí, es cierto.

3 Y claro, con el AVE es mucho más rápido que antes. ¡Fíjate, de Madrid a Sevilla en dos horas y media! Es increíble.

4 Tienes razón. En realidad es más rápido ir en el AVE que en avión.

Pero no es barato ir en tren. Es más caro que ir en autocar o en coche.

5 Es verdad, pero el tren es mucho más cómodo.

Te gusta ir en tren, ¿verdad?

6 Sí. Es más responsable. Hay menos contaminación y menos tráfico.

ZZZZZZZ

7 Aquí está mi billete.

No puede sentarse aquí. Este asiento está reservado.

8 Perdone. Lo siento.

Gracias, muchísimas gracias.

2 Vuelve a leer la tira cómica y escribe verdad o mentira para cada frase.

a Es más fácil ir en el AVE que en avión.
b El AVE es muy cómodo.
c Es más barato ir en tren que en avión.
d El viaje en el AVE de Madrid a Sevilla dura tres horas.

e Es más barato ir en tren que en autocar.
f Los chicos en los dibujos van de Madrid a Córdoba.
g Antonio no está en el asiento correcto.
h El otro chico no está en el asiento correcto.

3 Empareja las frases con el dibujo apropiado.

a Voy al colegio a pie porque no está lejos y es más fácil que ir en coche.
b Voy al colegio en metro porque es barato y rápido. Pero a veces no es cómodo.
c No me gusta ir en bicicleta porque hay mucho tráfico.
d Me gusta ir en patines porque es divertido.
e Cuando voy al centro de la ciudad, voy en autobús porque es fácil y barato.

4 Habla con tu pareja sobre cómo vas al colegio, al polideportivo o al centro de la ciudad.

ejemplo

¿Cómo vas al colegio? — Voy en patines. — ¿Por qué? — Porque es más divertido.

5 Completa estas frases para dar tus propias opiniones sobre el transporte.

Es más .... ir en bicicleta que ir en coche.

Es más .... ir en tren que ir en ....

Es más .... ir en patines que ir en ....

Es más .... ir a pie que ir en ....

Aquí hay algunas palabras más para ayudarte:

peligroso - *dangerous*
ecológico - *environmentally friendly*
emocionante - *exciting*

8 La ruta por Andalucía

1 Córdoba y Sevilla están en una de las regiones más interesantes de España. Se llama Andalucía y aquí vemos algunos de sus aspectos históricos y culturales.

Madrid
Sevilla   Ciudad Real
            Córdoba

2 La ruta del AVE de Madrid a Sevilla pasa por Ciudad Real, Puertollano y Córdoba

Córdoba

4 Córdoba, capital de los árabes en España, es la ciudad más grande de Europa en el siglo X. En la foto vemos la Mezquita, un templo árabe con una catedral cristiana en el interior.

PORTUGAL

Huelva

Sevilla

Portugal ESPAÑA Francia
Andalucía

Cádiz

5 Andalucía tiene caballos buenos y los caballos figuran en muchas de las fiestas de la región, como por ejemplo, la feria de abril en Sevilla y la feria de Jerez. Éstas son fiestas de origen agrícola.

6 Aspectos típicos de las casas de Andalucía son: las paredes blancas, las ventanas con rejas, los patios interiores y las flores y plantas.

1 Escucha la cinta y lee sobre Andalucía.

2 Trabaja con tu pareja. Pregunta y contesta sobre lo que te gustaría hacer en un viaje a Andalucía.

ejemplo

¿Te gustaría ir a Andalucía?

¿Por qué?/¿Por qué no?

Norte
Oeste   Este
Sur

3 El viaje en el AVE termina en la estación de Santa Justa en Sevilla.

7 Ir de tapas es una tradición en Andalucía. Las tapas son raciones pequeñas de comida deliciosa para comer como aperitivo.

8 En la foto vemos el palacio de la Alhambra en Granada, otra ciudad importante del período de los árabes en España de 711 a 1492.

Granada

Almería

9 El flamenco es una parte importante de la cultura andaluza. Es una forma de música, canto y baile.

Me gustaría ir a Andalucía No me gustaría ir a Andalucía	porque	me gusta(n) no me gusta(n) me interesa(n) no me interesa(n)	la historia/el flamenco/la cultura/ las fiestas/las ciudades/los pueblos/ los caballos/las corridas de toros/ las tapas

3 Imagina que vas a pasar tres días en Andalucía. Escribe una tarjeta diciendo lo que vas a hacer durante el viaje.

¡Hola!
Aquí estoy en Andalucía. Hoy voy a Sevilla.
Mañana voy a Córdoba y pasado mañana voy a
visitar el palacio de la Alhambra en Granada.

▶ 31–36 ◀

RESUMEN

Now you can:

- invite a friend and accept an invitation to stay

  Quiero invitarte a pasar unos días en mi casa. Me encantaría ir a verte.

- say you are able and ask if someone else is able to do something

  Puedo ir en tren.
  ¿Puedes venir en Semana Santa?

- ask and understand when trains leave and arrive

  ¿A qué hora sale el tren para Madrid?
  Llega a las 12.00.

- ask for and understand information about a journey

  ¿Cuánto tiempo dura el viaje?
  El viaje dura dos horas.

- understand station signs

  Despacho de billetes   Sala de espera

- understand station announcements

  El AVE con destino a Sevilla está estacionado en la vía 2.

- buy a train ticket

  Un billete para Sevilla, por favor

- talk about what you need

  Me hace falta un bañador.

- ask and understand if a seat is taken

  ¿Está ocupado este asiento?
  No, está libre.

- ask for and give a telephone number

  ¿Cuál es tu número de teléfono?
  El 23 45 67.

- talk about advantages and disadvantages of different types of travel

  Es más rápido ir en avión pero es más cómodo ir en tren.

- understand information about a region or city in Spain

  Sevilla es una ciudad histórica, romántica y fascinante.

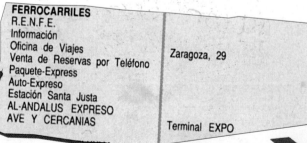

FERROCARRILES
R.E.N.F.E.
Información
Oficina de Viajes
Venta de Reservas por Teléfono
Paquete-Express
Auto-Expreso
Estación Santa Justa
AL-ANDALUS EXPRESO
AVE Y CERCANIAS

Zaragoza, 29

Terminal EXPO

441 41 11
421 79 88
442 15 62
441 70 08
453 86 86
441 41 11
91-563 76 07

07ABR95
15:07

Madrid   Cercanias Madrid   Cercanias
GENERAL
***125PTS

1211027663
VERDE, AL

RENFE

PREPÁRATE

A ESCUCHA

1 Escucha la cinta y escribe los datos más importantes de cada mensaje.

1
Lugar : ....
Duración ....
Fecha ....

2
Lugar : ....
Duración ....
Fecha/día ....

3
Lugar : ....
Duración ....
Fecha ....

B HABLA

1 Trabaja con tu pareja. Haz el papel de una persona que quiere comprar un billete. Tu pareja es el/la empleado(a) de Renfe en el despacho de billetes. Pide un billete para los lugares, los días y las horas mencionados en la lista.

> Sevilla/sábado/9.30
> Madrid/domingo/11.00
> Barcelona/lunes/7.20
> Sevilla/viernes/13.00

Tú	**Tu pareja**
Quiero comprar un billete para ir a	¿Cuándo quiere ....?
Quiero ir el	¿A qué hora?
A las	

C LEE

1 Mira el dibujo y lee la lista. Escribe una lista de las cosas que faltan de la maleta.

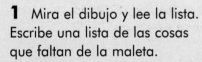

un bañador
una toalla
las gafas de sol
la crema para el sol
el cepillo de dientes
la pasta de dientes

un peine
la cámara
una camiseta
ropa interior
zapatos
un gorro

D ESCRIBE

1 Contesta la siguiente carta.

> Estimado/Estimada ....:
>
> ¡Hola! ¿Cómo estás? Quiero invitarte a pasar unos días en Madrid. Escríbeme pronto y dime cuándo puedes venir, cuánto tiempo puedes quedarte y cómo vas a venir.
> Te saluda, Julio

Llegada a Sevilla

1 Escucha y lee. Luego completa las frases correctamente.

1 Aquí estoy en Sevilla. ¿Pero dónde está María José.

2 ¡Hola! Soy Cristina. ¿Está María José por favor?

¡Hola, Cristina! Soy María José. ¿Dónde estás?

3 Acabo de llegar. Estoy en la estación. Oye, ¿por dónde se va a tu casa?

Bueno, está bastante lejos. Vivimos en el Barrio de Santa Cruz, en la calle Reinoso número 7. Está cerca de la catedral.

4 Por favor, ¿por dónde se va a la calle Reinoso?

¿La calle qué?

La calle Reinoso: R-E-I-N-O-S-O. Está cerca de la catedral.

5 Sí, sí…está bastante lejos, mira… Aquí estamos en la avenida Menéndez Pelayo. Sigue todo recto.

Gracias.

6 Por favor, ¿por dónde se va a la calle Reinoso?

Está cerca. Mira, cruza la plaza y toma la primera a la derecha.

7 Hola, Antonio.

¡Hola! ¡Qué casualidad! ¡Cuánto tiempo sin verte!

SOCORRO

acabo de llegar - *I have just arrived*
sigue todo recto - *go straight on*
cruza la plaza - *cross the square*
toma la primera/segunda/tercera calle
    - *take the first/ second/third street*
a la derecha - *on the right*
a la izquierda - *on the left*
dobla - *turn*
¡qué casualidad! - *what a coincidence!*

a Cristina acaba de llegar …	**1** a Sevilla/a Córdoba.
b María José no está en la estación. Está …	**2** en casa/en la estación.
c Cristina llama a María José …	**3** por teléfono/en voz alta.
d María José vive en …	**4** Triana/el Barrio de Santa Cruz.
e La calle Reinoso está cerca …	**5** del parque/de la catedral.
f Cristina va a casa de María José …	**6** a pie/en taxi/en autobús/en tren.

2 Trabaja con tu pareja. Imagina que vas a visitar a tu pareja que vive en otra ciudad. Llegas a la estación. Llamas por teléfono y das tu nombre, luego pides hablar con tu pareja. Pregúntale dónde vive. Tu pareja tiene que deletrear el nombre de su calle.

ejemplo

> ¡Hola! Soy Cristina.
> ¿Está María José por favor?

> ¡Hola, Cristina! Soy María José.

> ¡Hola, María José! Oye,
> ¿cómo llego a tu casa?

> Vivimos en la calle Reinoso:
> R-E-I-N-O-S-O. Está cerca de …

3 Escucha la cinta y escribe el número de las instrucciones que coinciden con el mapa.

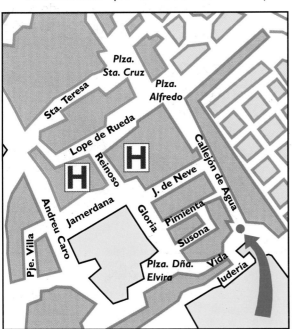

G R A M Á T I C A

Instructing people to do things …

Someone you know:

Cruza la plaza.
Toma la primera calle a la izquierda.
Dobla a la derecha.
Sigue todo recto.

Someone older or whom you do not know:

Cruce la plaza.
Tome la primera calle a la izquierda
Doble a la derecha.
Siga todo recto.

¿Quieres saber más?
Mira la página 119.

4 Tu pareja acaba de llegar a la estación de tu pueblo/barrio. Dale instrucciones para llegar a tu casa, a tu colegio, al polideportivo o al cine.

ejemplo

> ¿Por dónde se va
> al polideportivo?

> Dobla a la izquierda/derecha.

> Sigue todo recto.
> Toma la primera/segunda/tercera calle a la derecha/izquierda.
> **Cruza la calle/la plaza.**
> Mi casa/mi piso/mi colegio/el polideportivo/ el cine está cerca de/al lado de/ enfrente de …

2 Mucho gusto

1 Escucha la cinta. ¿Cómo se llaman los miembros de la familia de María José? ¿A quién conoce Cristina?

G R A M Á T I C A

conocer - to know someone
conozco - I know
conoces - you (tú) know
conoce - he/she/it knows/you (usted) know
conocemos - we know
conocéis - you (vosotros) know
conocen - they/you (ustedes) know

conocerse - to know each other

¿Quieres saber más? Mira las páginas 117 y 118.

2 Escucha la cinta. Empareja las familias en los dibujos
con las presentaciones en la cinta.

3a Pregunta a tu pareja si conoce a estas personas.

ejemplo

¿Le conoces?　　Sí, sí le conozco　　No, no le conozco.

3b Juega con tu pareja. Apunta el número de las estrellas de cine que conoces.

¿Conoces las estrellas de la película 'Speed'?

Les conozco. Son Keanu Reeves y Sandra Bullock.

No, no les conozco. ¿Quiénes son?

3 Estás en tu casa

1a Escucha la cinta. ¿Qué le hace falta a Cristina? Escribe dos listas:

| Lo que le hace falta ... | Lo que ya tiene ... |

1 Aquí está tu dormitorio ...

2 Y aquí está el cuarto de baño. ¿Te quieres duchar?

Ay, sí.

3 Toma una toalla. El gel de baño y el jabón están aquí.

4 ¿Necesitas desodorante?

Pues, sí.

Toma, desodorante.

5 ¿Te hace falta pasta de dientes?

Mm, no, tengo pasta de dientes pero no tengo champú.

Toma, champú.

6 ¿Te hace falta un peine o un cepillo?

No, gracias. Tengo un peine.

7 ¿Algo más? ¿Un secador, por ejemplo?

No, nada más, gracias.

SOCORRO

la toalla - *towel*	el desodorante - *deodorant*	el peine - *comb*
el gel de baño - *shower gel*	la pasta de dientes - *toothpaste*	el cepillo - *brush*
el jabón - *soap*	el champú - *shampoo*	el secador - *hairdryer*

1b Trabaja con tu pareja. Mira la fotohistoria y haz los papeles de Cristina y la madre de María José.

¿Te quieres	duchar? bañar? lavar el pelo? acostar?	¿Necesitas ¿Te hace falta	una toalla? champú? desodorante? pasta de dientes? un cepillo de dientes? un peine?
¿Quieres	un bocadillo? una aspirina?		
¿Quieres	ver la tele? llamar por teléfono? tomar algo?	¿Necesitas ¿Te hacen falta	aspirinas? toallas?

2 Escribe una frase para cada dibujo.

3 Juega con un grupo de tu clase. Repite la frase añadiendo un artículo cada vez.

ejemplo

Me hace falta un cepillo.

Me hacen falta un cepillo y un peine.

Me hacen falta un cepillo, un peine y champú.

¿TE ACUERDAS?

hacer falta - to need

me hace falta un peine
me hacen falta toallas
te hace falta champú
te hacen falta aspirinas
le hace falta un secador
le hacen falta cepillo
   y pasta de dientes

¿Quieres saber más?
Mira la página 113.

4 ¿Qué hay para cenar?

1 Escucha la cinta y mira la lista de frases. Pon las frases que faltan en el dibujo en el orden correcto.

¿Quieres más arroz?

3 --------------------

¿Te sirvo más sopa?

1 --------------------

Toma.

2 --------------------

Toma más carne. Está deliciosa.

4 --------------------

5 --------------------

¿De postre, quieres fruta o flan?

Lo siento, no me gusta la ensalada.

6 --------------------

la sopa

la fruta

el arroz

la servilleta

la tetera

la cafetera

el vinagre

el aceite

la ensalada

la sal

el flan

la pimienta

la cuchara

el tenedor

la taza

el plato

el vaso

la carne

el mantel

el cuchillo

7 ---------------------

Me gustan mucho, están muy buenos.

8 --------------------

Prefiero té.

a   Un poco, gracias. Está muy rica.
b   Nada, gracias. No puedo más.
c   ¿Tomas café o té?
d   Pásame el pan.
e   No gracias, ahora no.
f   ¿Te sirvo ensalada?
g   ¿Te gustan los melocotones?
h   Gracias. Basta ya.

SOCORRO

¿te sirvo ...? - *shall I serve you ... ?*
pásame - *pass me ...*
¿quieres más ....? - *do you want more ... ?*
¿quieres ...? - *do you want ... ?*
¿tomas ...? - *do you take ... ?*

un poco - *a little*
ahora no - *not at the moment*
basta ya - *that's enough*
lo siento - *I'm sorry*
nada - *nothing*
no puedo más - *I can't eat any more*

2 Escucha la cinta. ¿Qué piden las personas?

14

3 Trabaja con tu pareja.

ejemplo

¿Quieres sopa?

Sí, gracias.
Está muy buena.

¿Te sirvo / ¿Quieres	ensalada/flan/fruta/arroz/vino?		
¿Quieres más	carne/sal/pimienta/vinagre/aceite?		
Sí, Ahora no, No puedo más, Basta ya, Nada, No,	gracias.	Está muy	rico/a. bueno/a. delicioso/a.
		Están muy	ricos/as. buenos/as. deliciosos/as

Mini test

- Introduce your friends and family
- Welcome someone into your house
- Ask for things you need to take a shower
- Ask someone if he/she has all he/she needs to take a shower
- Ask someone to pass you an item on a table set for a meal
- Ask someone if he/she would like some more of a food item
- Say what you think of a food item

▶ 37–42 ◀

5 ¿Qué hay en Sevilla?

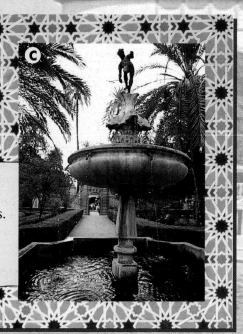

La Torre del Oro está al lado del río Guadalquivir. Es uno de los símbolos de Sevilla. Es importante durante el descubrimiento de las Américas porque todos los barcos de las Indias llegan a este punto y dejan en la torre todo el oro que traen del Nuevo Mundo. Ahora es un pequeño museo marítimo. Abierto de 10h a 13h (cerrado los lunes).

La catedral es muy grande. Construida entre 1402 y 1506, sobre la antigua mezquita, es el tercer templo más grande del mundo.

Los Reales Alcázares es un palacio espléndido, primero de los reyes árabes y después de los reyes cristianos. Es de estilo árabe y gótico. Tiene unos jardines preciosos y tranquilos. Abierto de 9h a 12.45h y de 16.30h a 19.30h.

 1 Escucha la cinta y mira las fotos de Sevilla. Escribe en el orden correcto las letras de los lugares que visitan Cristina, María José y Antonio.

2 ¿Qué hay de interés en Sevilla y qué hay de interés en tu ciudad? Pregunta y contesta:

¿Hay palabras que no conoces?

Mira las páginas 108–111.

ejemplo

¿Qué hay de interés en Sevilla?

¿Qué hay de interés en tu pueblo/ciudad?

Hay ...	un parque.	fiestas.
	un barrio antiguo.	museos.
	un palacio.	jardines preciosos.
	una catedral/una iglesia.	casas antiguas.
	arquitectura moderna.	mucha historia.

El Barrio de Santa Cruz está cerca de los Reales Alcázares y es una parte antigua de la ciudad. Tiene calles estrechas y casas antiguas. Tiene también bares y restaurantes buenos que sirven tapas y comidas muy ricas. ¿Ya tienes hambre?

E

Un lugar ideal para ir de paseo es el Parque de María Luisa y la Plaza de España.

D

F

No todo es antiguo en Sevilla. Hay buena arquitectura moderna como por ejemplo en la isla de la Cartuja, sede de la EXPO en 1992. Tiene también la estación de Santa Justa y el puente de la Barqueta.

3 Durante su visita a Sevilla Cristina escribe una postal a una amiga pero no se acuerda de los nombres de los lugares. ¿Puedes ayudarle a completar la postal?

4 Escribe una postal similar a un amigo español. Describe un lugar interesante que visitas o que conoces.

Estimada Ana,

Aquí estoy de visita en Sevilla. Mis amigos viven en el (a)............ Es un barrio antiguo con calles estrechas. Sevilla es una ciudad fascinante. Tiene una catedral enorme y tiene un palacio real que se llama (b)............ Uno de los símbolos de la ciudad es la (c)............que es un edificio histórico. Hay un río que se llama el (d)............. Hay lugares muy bonitos para ir de paseo como el (e)............ y la (f)............(¡Sólo hace falta un chico simpático y una tarde romántica!) ¡Hasta pronto! Cristina

6 Para jóvenes

1 ¿Qué hay para jóvenes en Sevilla?
Escucha la cinta y mira las fotos. Pon las
fotos en el orden en que oyes mencionar
los lugares.

1 unas tiendas

... ¿Y qué hay para jóvenes en Sevilla?

Pues hay un estadio.

Podemos ir a un partido de fútbol.

2 un centro comercial

Zona Comercial
SHOPPING MALL

HELADERIA   CHOCOLATERIA

3 un polideportivo

2 Pregunta a tu pareja qué hay en su barrio.
Mira los lugares de la actividad 1.

ejemplo

¿Qué hay para jóvenes en tu barrio?

Hay un polideportivo.

Dime, ¿qué hay de interés en tu barrio?
¿Hay una plaza de toros?

No, no hay.

3a Escucha la cinta.
¿Qué pueden hacer los jóvenes en Sevilla?

15

¿TE ACUERDAS?

¿hay ...? - *is there/are there...?*
hay - *there is/there are*

4 un bar de tapas

5 un estadio

7 una plaza de toros

6 un cine

3b En grupos de tres haz los papeles de María José, Cristina y Antonio.

ejemplo

¿Qué podemos hacer...?

El lunes por la mañana podemos dar una vuelta por la ciudad.

Y por la tarde podemos visitar a unos amigos.

Buena idea. Y por la noche podemos ir al cine.

4 Di a tu pareja lo que hay en este barrio y sugiere una actividad apropiada para cada lugar.

ejemplo

Hay un centro comercial.　　Estupendo, podemos ir de compras.

7 ¿Qué tiempo hace?

1 Escucha y lee.

2 Trabaja con tu pareja. Mira el dibujo de la actividad 1. Pregunta y contesta:

ejemplo

¿Qué tiempo hace en Lima?

Hace (mucho)

frío.   calor.   sol.   viento.   buen tiempo.

Llueve./   Nieva./   Está nublado.   Hay tormenta.
Está lloviendo.   Está nevando.

3a Escucha la cinta y elige el dibujo que coincide con el tiempo que se describe.

3b Escribe qué tiempo hace en cada dibujo.

4 Mira los dibujos con tu pareja.
Elige una frase para cada dibujo. Luego mira el análisis.

la primavera

1 Cuando está nublado y llueve me siento deprimido.

2 Está lloviendo. ¡Buen día para las plantas! Me gusta la primavera.

el verano

3 Hace calor. Hace buen tiempo. ¡Me encanta el verano!

4 ¡Qué calor hace! ¡No me gusta el sol! Prefiero el invierno.

5 No me gusta el viento. Me pone de mal humor.

6 Cuando hace mucho viento me gusta estar al aire libre.

el otoño

7 ¡Qué bien! Está nevando. Me encanta la nieve.

8 ¡Qué frío hace! Odio el invierno.

el invierno

Análisis

Ahora suma los puntos y mira a ver si hoy te sientes positivo/a y optimista.

–1 punto para cada una de las frases 1, 4, 5 y 8.

1 punto para cada una de las frases 2, 3, 6 y 7.

De – 4 a –2 Hoy no es un buen día para ti. ¡Anímate!

De –1 a 1 Un día regular. No te sientes ni optimista ni pesimista.

De 2 a 4 Hoy estás de buen humor.

SOCORRO

me siento deprimido - *I feel depressed*
estar de mal humor - *to be in a bad mood*
estar de buen humor - *to be in a good mood*

la primavera - *spring*
el verano - *summer*
el otoño - *autumn*
el invierno - *winter*

8 De paseo

1a Escucha y lee.

Ir de paseo es una tradición en España y en todos los países de habla española. La hora tradicional del paseo es el sábado por la tarde o el domingo por la mañana después de la misa. Tienes que ponerte la ropa más elegante y salir a pasear y saludar a los amigos, vecinos y conocidos. En esta fotohistoria, Cristina y Antonio salen de paseo en Sevilla.

1 ¿Qué vamos a hacer esta tarde?

Tengo que trabajar. Lo siento.

Podéis ir de paseo.

¡Genial! Podemos ir al Parque de María Luisa y después ... puedes invitarme a tomar algo.

2 ¡Qué cara tienes!

3 *Más tarde ...* Es un parque muy bonito, ¿verdad?

Es precioso ... sobre todo porque tú estás aquí.

4 ¡Antonio, qué exagerado eres! Oye, ¿por dónde vamos a la Plaza de España?

No sé. Voy a preguntar.

5 Por favor, ¿por dónde se va a la Plaza de España?

Está muy cerca. Sigue todo recto por esta calle y la Plaza de España está al final.

6 Es impresionante. Oye, ¿quieres un helado?

Sí, de chocolate y vainilla, por favor.

¿Qué te parece Sevilla?

Me gusta mucho. Es una ciudad preciosa y tiene de todo. Tiene mucha historia y cultura pero también es una ciudad moderna. ¿Y a ti qué te parece?

8

Me encanta Sevilla.

¿Por qué?

9 ¡Porque es una ciudad muy romántica!

¡Qué tonto eres!

1b Lee la fotohistoria y mira bien cómo se emplean las siguientes frases. ¿Qué crees que significan?

¡Genial! ¡Qué exagerado eres!
¡Qué cara tienes! Oye.
¡Qué tonto eres!

2 Lee la fotohistoria y contesta las preguntas.

¿Por qué no puede ir de paseo María José?
¿Adónde van de paseo?
¿Qué piensa Cristina del parque?
¿Qué piensa Cristina de Antonio?
¿Crees que le gusta o no le gusta?
¿Qué piensa Antonio de Cristina?

3 Elige las palabras que describen Sevilla y las que describen tu barrio.

Sevilla es una ciudad ...		Mi pueblo/barrio es ...	
antigua	preciosa	antiguo	precioso
moderna	fea	moderno	feo
interesante	histórica	interesante	histórico
romántica	agradable	romántico	agradable

4 Trabaja con tu pareja. Pregúntale qué le parece Sevilla.

ejemplo

¿Qué te parece Sevilla? Sevilla es una ciudad .....

▶ 43–48 ◀

RESUMEN

Now you can:

- ask for and give instructions about
  how to get from one place to another

  ¿Por dónde se va a tu casa?
  Toma la primera a la derecha.

- ask someone if he/she needs something

  ¿Necesitas un secador?

- identify bathroom objects

  ¿Hay toallas?

- serve someone food and respond

  ¿Te sirvo más sopa?
  Un poco, gracias.
  Basta ya. Pásame la sal.

- talk about food at meal times

  Está muy rica. No puedo más.

- understand and talk about
  what there is to see in a town

  ¿Qué hay de interés en tu pueblo?
  Hay un museo.

- understand and talk about things to do

  Podemos ir a un partido de fútbol.

- ask and understand about
  opening and closing times

  ¿Está abierta?
  Abierta de 10.00 a 12.00.

- ask about and describe the weather

  ¿Qué tiempo hace? Está lloviendo.

- express your opinion

  ¡Genial! ¡Qué tonto!

- talk about your town and about Seville

  Mi barrio es moderno.
  Sevilla es una ciudad muy bonita.

PREPÁRATE

A ESCUCHA

1 Escucha la cinta y escribe los nombres de las calles.

B HABLA

1 Trabaja con tu pareja. Pregunta y contesta:

¿Qué hay de interés para jóvenes en tu barrio/ciudad?　　Hay un cine y un polideportivo.

¿Hay un estadio de fútbol?　　Sí, podemos ir a un partido.

C LEE

1 Lee las preguntas y elige las respuestas apropiadas.

1 ¿Te quieres duchar?
2 ¿Te quieres bañar?
3 ¿Quieres una aspirina?
4 ¿Te quieres acostar?
5 ¿Quieres un bocadillo?

a No, gracias, no tengo hambre.
b Prefiero ducharme, si es posible.
c Sí, gracias. Tengo sueño.
d Sí, me gustaría, porque tengo mucho calor.
e Sí, gracias. Es que me duele mucho la cabeza.

D ESCRIBE

1 ¿Qué tiempo hace esta semana? Mira el dibujo y completa las frases.

1 En el Caribe hace...
2 En Lima está...
3 En el Amazonas... mucho.
4 En las islas Malvinas... mucho...

1 La salida

1 Compara la tira cómica con el diario.

1 Hoy vamos de excursión.

2 Vamos al río.

3 Tere va en moto …

4 … y Alfonso y Javier van en coche.

5 Marta, Elena, Asunción, Oscar y yo vamos en bici.

6 ¡Ay, no! ¡La bici tiene un pinchazo! ¿Cómo vas a ir?

7 Voy a pie.

MI DIARIO   el 21 de agosto

Ayer fuimos al río. Tere fue en moto. Alfonso y Javier fueron en coche con los trastos. Marta, Elena, Asunción, Oscar y yo fuimos en bici. Pero mi bici tuvo un pinchazo así que fui al río a pie. ¡Qué desastre!

SOCORRO

hoy - *today*
un pinchazo - *puncture*
ayer - *yesterday*
los trastos - *stuff*
tuvo - *it had*
¡qué desastre! - *what a disaster!*

G R A M Á T I C A

ir - to go
fui - I went
fuiste - you (tú) went
fue - he/she/it/you (usted) went
fuimos - we went
fuisteis - you (vosotros) went
fueron - they/you (ustedes) went

¿Quieres saber más?
Mira la página 117.

2a Escucha la cinta. Empareja las frases con los dibujos.

2b Pregunta a tu pareja cómo fueron las personas en los dibujos.

ejemplo

¿Cómo fueron? — Fueron en autobús.

¿Cómo fue? — Fue en coche.

3a Pregunta a tu pareja cómo fue a estos lugares.

ejemplo

¿Cómo fuiste al supermercado el sábado?

Fui a pie.

3b Escribe cómo fuiste a estos lugares.

ejemplo

Fui a la piscina en metro.

D

C

A

B

② La llegada

1 Compara la tira cómica con el diario.

Llegamos al río.

Alfonso y Javier llegan primero. Sacan los trastos del coche.

Tere toma el sol y Elena se baña en el río.

Oscar pesca y Asunción saca fotos.

Marta se pasea por el bosque.

Yo llego el último.

Me tumbo a la sombra. Estoy hecho polvo.

MI DIARIO

Por fin llegamos al río. Alfonso y Javier llegaron primero y sacaron los trastos del coche. Tere tomó el sol. Elena se bañó en el río. Oscar pescó. Asunción sacó fotos. Marta se paseó por el bosque. Yo llegué el último, hecho polvo. Me tumbé a la sombra.

SOCORRO

llegar - *to arrive*
tomar el sol - *to sunbathe*
bañarse - *to swim, bathe*
pescar - *to fish*
sacar fotos - *to take photos*
pasearse - *to go for a walk*
el bosque - *woods*

el/la último/a - *the last*
tumbarse - *to lie*
la sombra - *shade*
estoy hecho/a polvo - *I'm exhausted*
¿qué hiciste? - *what did you do?*

2a Dos jóvenes hablan de sus vacaciones. Empareja los dibujos con las
descripciones. ¡Ojo! Hay tres dibujos pero sólo dos descripciones

1 Fui al campo. Me paseé por el bosque. Me tumbé a la sombra - no me gusta mucho tomar el sol. Pesqué - me encanta la pesca. Fui a visitar a mis abuelos.

2 Durante las vacaciones fui a Málaga. Lo pasé muy bien. Tomé el sol en la playa, me bañé. Saqué muchas fotos. Por las tardes salí con mis nuevos amigos.

2b ¿Qué dibujo no tiene descripción?
Imagina que fuiste de vacaciones a
ese lugar. Escribe lo que hiciste.

17 **3a** Pregunta a tu clase.

ejemplo

¿Qué hiciste durante las vacaciones?

Tomé el sol, pesqué, fui a ver
monumentos y me paseé por el bosque.

3b ¿Cuál fue la actividad más popular durante las vacaciones?

G R A M Á T I C A

tomar - to take

Tomar is an example of a verb
which ends in -ar.
In the preterite tense -ar verbs
usually have the following endings:

tomé - I took
tomaste - you (tú) took
tomó - he/she/it/you (usted) took
tomamos - we took
tomasteis - you (vosotros) took
tomaron - they/you (ustedes) took

¿Quieres saber más?
Mira la página 116.

③ Comer al aire libre

1 Compara la tira cómica con el diario.

> Preparamos la comida.

> Marta pone el mantel.

> Alfonso, Tere y Javier ponen los platos y los cubiertos.

> Comemos al aire libre: tortilla, chorizo, pan, fruta …

> Tenemos mucha hambre y mucha sed.

> Bebemos agua y gaseosa.

MI DIARIO

Comimos al aire libre: tortilla, chorizo, pan, fruta … Tuvimos mucha hambre y mucha sed. Bebimos agua y gaseosa.

SOCORRO

comer al aire libre - *to have a picnic*
los cubiertos - *cutlery*
la gaseosa - *lemonade*

G R A M Á T I C A

Comer is an example of a verb which ends in -er. In the preterite tense -er verbs usually have the following endings:

comí - I ate
comiste - you (tú) ate
comió - he/she/it/you (usted) ate
comimos - we ate
comisteis - you (vosotros) ate
comieron - they/you (ustedes) ate

¿Quieres saber más?
Mira la página 116.

2a Escucha la cinta. ¿Qué comieron y bebieron estos jóvenes para desayunar? Empareja los dibujos con los jóvenes.

Raquel   Lucas   Daniel   Felisa   María

A

B

C

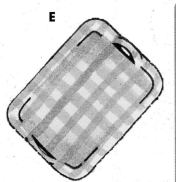

D

E

¿TE ACUERDAS?

el té - *tea*
el café (con leche) - *(white) coffee*
la leche - *milk*
el zumo de fruta - *fruit juice*
la tostada - *toast*
la mantequilla - *butter*
la mermelada - *jam, marmalade*
los cereales - *cereal*
el huevo - *egg*
el tocino - *bacon*
nada - *nothing*

2b Pregunta a tu pareja qué comió y bebió para desayunar.

ejemplo

¿Qué comiste?

No comí nada.

¿Qué bebiste?

Bebí un vaso de leche. ¿Y tú?

Comí tostadas y bebí té.

Un desayuno sano

18 **2c** Pregunta a tu clase. ¿Cuántas personas hay en tu clase que comieron y bebieron lo mismo que tú para desayunar?

3 ¿En qué consiste un desayuno sano? Mira la foto y nombra lo que hay para comer y beber.

④ Se prohibe encender fuegos

1 Compara la tira cómica con el diario.

SOCORRO

encender - *to light*	estar prohibido - *to be prohibited*
el fuego - *fire*	pagar una multa - *to pay a fine*
el pescado - *fish*	el aviso - *notice*

G R A M Á T I C A

Some verbs are irregular and do not follow the general rules, e.g. tener -
to have. In this verb the stem changes as well as the endings:

tuve - I had
tuviste - you (tú) had
tuvo - he/she/it/you (usted) had

tuvimos - we had
tuvisteis - you (vosotros) had
tuvieron - they/you (ustedes) had

¿Quieres saber más? Mira las páginas 117 y 118.

2 Escucha la cinta. ¿Qué tuvieron que hacer estos jóvenes durante el fin de semana?

TODOS CONTRA EL FUEGO

3 Pregunta a tu pareja qué tuvo que hacer el fin de semana pasado.

ejemplo

¿Qué tuviste que hacer el fin de semana pasado?

Tuve que lavar los platos.

4 Escribe lo que tuviste que hacer la semana pasada.

ejemplo

lunes
Tuve que ir a la biblioteca.
martes
Tuve que hacer la compra.
miércoles
Tuve que practicar el piano.
jueves
Tuve que estudiar para un examen.
viernes
Tuve que hacer el examen.
sábado
Tuve que ir a la clase de piano.
domingo
Tuve que visitar a mis tíos.

Mini test

- Ask someone how he/she got to school
- Say how you got to school
- Ask someone what he/she did during the holidays
- Say what you did during the holidays
- Ask someone what he/she had to eat or drink
- Say what you had to eat or drink
- Ask someone what he/she had to do last week
- Say what you had to do last week

▶ 49–54 ◀

⑤ La siesta

1 Compara la tira cómica con el diario.

1. Tengo sueño. Voy a dormir la siesta.
Yo también.

2. Vamos a dar un paseo en bici. ¿Vale?
Vale.

15 minutos después …

¿Qué te pasa Javier? Estás muy pálido.

3. Javier se cayó de la bicicleta y se hirió la pierna en una roca. Mira.
Me siento mal.

4. Toma, una tirita.

5. ¿Qué tal te sientes ahora Javier?
Me siento mucho mejor.

6. ¿Qué te pasa? Estás muy pálido.
Me siento mal. Cuando veo sangre me siento fatal.

MI DIARIO

Después de comer dormí la siesta. Durmieron también Elena, Asunción y Oscar pero Javier y Alfonso fueron a dar un paseo en bicicleta. Javier se cayó y se hirió la pierna en una roca. Se sintió mal. Después de un rato se sintió mejor pero yo me sentí fatal.

SOCORRO

vale - *OK*
se cayó - *he fell*
se hirió - *he hurt himself*

me siento mal - *I feel unwell*
la tirita - *plaster*
la sangre - *blood*

G R A M Á T I C A

In the preterite tense, the third persons of these verbs have a different stem from the rest of the verb.

dormir - to sleep
dormí - I slept
dormiste - you (tú) slept
durmió - he/she/it/you (usted) slept
dormimos - we slept
dormisteis - you (vosotros) slept
durmieron - they/you (ustedes) slept

sentir - to feel
sentí - I felt
sentiste - you (tú) felt
sintió - he/she/it/you (usted) felt
sentimos - we felt
sentisteis - you (vosotros) felt
sintieron - they/you (ustedes) felt

¿Quieres saber más? Mira la página 118.

2 Escucha la cinta y escribe el orden en que oyes estas frases.

a Durmieron bien.
b No durmió en toda la noche.
c Dormí muy bien.

d Nos sentimos muy bien.
e Se sintió mal.
f Me sentí fatal.

3 Trabaja con tu pareja. Elige una pregunta y una respuesta para cada dibujo.

ejemplo

(¿Durmió bien?)   (¿Qué tal durmió?)   (¿Cómo se sintió?)   (¿Qué le pasó?)

1

2

3

4

5

6

| Durmió/Se sintió | bien/mal/fatal. |
| Se hirió/Le dolió | la pierna/la cabeza/el brazo/la rodilla/la mano. |

6 Hizo mal tiempo

1 Compara la tira cómica con el diario.

Hace frío.

Hace viento.

Empieza a llover.

Llueve mucho.

Hay una tormenta.

¿Qué hace Oscar?

Hace el loco, como siempre.

¡Cuidado! ¡Es peligroso!

¡Ay! ¡Socorro!

No podemos salir. ¿Qué hacemos?

Gritamos y hacemos mucho ruido.

¡Socorro! ¡Oiga! ¡Por favor!

No viene nadie.

Tenemos que dejar el coche aquí.

Alfonso y Javier tienen que ir a pie.

SOCORRO

¡cuidado! - *be careful*

¡es peligroso! - *it is dangerous*

gritamos - *we shout*

¡oiga! - *listen*

MI DIARIO

Por la tarde empezó a llover. Hizo viento. Hizo frío. Hubo una tormenta y llovió mucho. Oscar se hizo el loco y se cayó al agua. Luego no pudimos sacar el coche. Hicimos mucho ruido pero no vino nadie. Tuvimos que dejar el coche. Alfonso y Javier tuvieron que ir a pie.

G R A M Á T I C A

hacer - to do, to make

hice - I did/made

hiciste - you (tú) did/made

hizo - he/she/it/you (usted) did/made

hicimos - we did/made

hicisteis - you (vosotros) did/made

hicieron - they/you (ustedes) did/made

Venir is similar to hacer in the preterite tense and haber is similar to poder.

¿Quieres saber más?
Mira las páginas 117 y 118.

2 Escucha la cinta y empareja los dibujos con las frases que oyes.

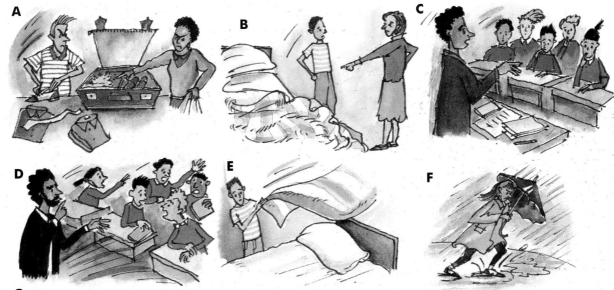

3 Trabaja con tu pareja. Pregunta y contesta:

ejemplo

¿Qué hiciste ayer por la tarde?

Jugué	con el ordenador/al fútbol/al baloncesto/al tenis de mesa.
Fui	al cine/al polideportivo/a la piscina/a la playa/de compras.
Leí	el periódico/una revista/un libro.
Salí	con mis amigos/a pasear/a bailar.
Hice	los deberes/las compras.
Arreglé	mi dormitorio.
Vi	la televisión/un vídeo.
Escuché	música/la radio.

4 Alfonso no hizo los deberes. Escribió esta carta a su profesora. Ayúdale a terminarla. Escribe las palabras que faltan en los espacios.

tuve	hice	fui	tuve
hirió	hizo	sentí	

Estimada Señora Salinas:

No .... los deberes este fin de semana porque ..... de excursión al río.

Mi amigo Javier se .... la pierna.

.... mal tiempo y me caí al agua.

.... que volver a casa a pie.

Me .... fatal. Llegué muy tarde y no .... tiempo para hacer los deberes.

Lo siento.

Alfonso

7 Llegamos a casa

1 Compara la tira cómica con el diario.

1 Mira, Alfonso y Javier.

¡Qué suerte tienen!

Toman el autobús y nosotros vamos en bicicleta.

2 ¡Qué horror!

El autobús choca con el coche.

5 Llegamos tarde.

No tenemos el coche.

Alfonso y Javier están muy pálidos.

Javier tiene la pierna herida.

Estamos todos mojados.

A lo mejor se enfadan nuestros padres.

6 Pasad todos. ¿Qué tal os fue la excursión?

Fatal.

Muy mal.

MI DIARIO

Alfonso y Javier tomaron el autobús pero hubo un accidente. El autobús chocó con un coche. Tuvimos que llamar a la policía. Afortunadamente no fue muy grave el accidente y no se hicieron ninguna herida. Estuve preocupado pero mamá y papá no se enfadaron. Decidimos no volver a ir de excursión nunca más.

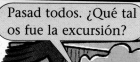

2 Escucha la cinta y corrige las frases.

a El coche tuvo un pinchazo.

b Javier se hirió el brazo.

c Alfonso y Javier tomaron el tren.

d El tren chocó con un coche.

e El accidente fue muy grave.

f Alfonso y Javier se hicieron muchas heridas.

g Llegaron tarde a casa los chicos y los padres se enfadaron.

h Los chicos van a volver a ir de excursión.

SOCORRO

chocar - *to crash*
no os preocupéis - *don't worry*
no es grave - *it is not serious*
la herida - *injury*
se enfadan - *they get angry*
estar mojado - *to be soaked*
preocupado/a - *worried*
volver a - *to do again*

20

3a Escucha la cinta y marca los lugares y el tiempo mencionados.

3b Escucha la cinta otra vez. Luego cuenta en clase una historia de una excursión.

La bicicleta/el coche/la moto/el autobús	tuvo un pinchazo/chocó con ...
Me herí/... se hirió	la cabeza, el brazo, la pierna, la mano.
Me sentí/... se sintió	mal/muy mal/fatal.
Me caí/ ... se cayó	al agua/al río/al fuego/a la piscina.
Hizo	viento/sol/frío/calor.
Llovió/nevó.	
Hubo	una tormenta/un monstruo/un accidente.
Preparamos una comida	riquísima/terrible/enorme.
Tuvimos que volver a casa	a pie/en taxi/en tren/en una ambulancia.
Llegamos	tarde/temprano.
Mis padres	se enfadaron/estuvieron preocupados.

⑧ Tienes la palabra

1 Elige las palabras apropiadas para escribir sobre una excursión que hiciste.

1 ¿Dónde fuiste de excursión?

Fuimos de excursión
....

al río/parque/campo
a la playa/montaña

2 ¿Qué día fuiste?

Fuimos
....

el lunes/martes/
miércoles/jueves/viernes
sábado/domingo

3 ¿Cómo fuisteis?

Fuimos
....

en coche/en tren/
en autobús/en bicicleta/
en moto/a pie

4 ¿Hizo buen tiempo?

....

Hizo buen tiempo/mal
tiempo/sol/viento/ Llovió
Hubo una tormenta/nevó

5 ¿Qué comisteis?

Comimos
....

pan/queso/jamón/
fruta/patatas fritas

6 Y la comida ... ¿qué tal?

La comida fue
....

estupenda/riquísima/
mala/terrible

¿Qué hiciste después?

....
....
....

Dormí la siesta
Me tumbé al sol/a la sombra
Jugué al ...
Fui de paseo/en bici/
a nadar/a pescar

8 ¿Te fue todo bien?

....
....
....

No .../Me herí la .../
Me caí .../Me mordió
un perro/un caballo/
un mono/Me picó una
avispa/una serpiente
Comí demasiado

¿Qué más pasó?

....
....
....

La bici/moto/el coche tuvo
un pinchazo/El autobús
chocó con .../Llegué
tarde/temprano a casa/
No hice mis deberes/
Mis padres se enfadaron/
llamaron a la policía

10 ¿Cómo te sentiste?

Me sentí
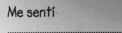
....

bien/mal/fenomenal/
fatal

11 ¿Qué tuviste que hacer cuando llegaste a casa?

Tuve que
....

hacer los deberes/tomar
una ducha/acostarme/ir
al hospital

12 ¿Qué vas a hacer el fin de semana que viene?

Voy a
....

quedarme en casa/
ir de compras/ir de
excursión/dormir mucho

RESUMEN

Now you can:

- talk and understand about   Fui de excursión.
  doing things in the past   Tomamos el sol.

- ask what people did on their holidays   ¿Qué hiciste durante las vacaciones?
       ¿Dónde fue Cecilia?

- ask and talk about recent meals   ¿Qué desayunaste?
       Tomé tostadas y té.

- ask and talk about things you had to do   ¿Qué tuviste que hacer?
       Tuve que hacer los deberes.

- ask and talk about what   ¿Qué tal dormiste?
  other people have done   Se hirió la pierna.

- give and understand weather   Hizo mal tiempo.
  descriptions in the past   Hubo una tormenta.

ANDALUCIA

10 DÍAS

DIA 1º Salida de nuestras terminales en las horas indicadas. Almuerzo en ruta por cuenta del cliente. Llegada a Granada a última hora de la tarde, cena y alojamiento.

DIA 2º Por la mañana visita de la Alhambra y el Generalife, almuerzo en Granada incluido y salida hacia Costa del Sol. Llegada al hotel, cena y alojamiento.

DIA 3º Día libre . Estancia en el hotel en régimen de pensión completa. Visita opcional a Cordoba. Regreso al hotel cena y alojamiento.

DIA 4º Mañana libre. Después del almuerzo visita a Mijas, Puerto Banús, Marbella y Fuengirola. Regreso al hotel cena y alojamiento.

DIA 5º Día libre. Estancia en hotel en régimen de pensión completa. Visita opcional a Algeciras y Ceuta.

DIA 6º Mañana libre. Después del almuerzo visita a Nerja. Regreso al hotel, cena y alojamiento.

DIA 7º Día libre. Estancia en el hotel en régimen de pensión completa. Visita opcional con guia local a Sevilla.

DIA 8º Día libre. Estancia en el hotel en régimen de pensión completa, por la tarde traslado a Málaga. Tiempo libre. Regreso al hotel, cena y alojamiento.

DIA 9º Día libre. Estancia en el hotel en régimen de pensión completa.

DIA 10º Desayuno y salida a primera hora de la mañana. Almuerzo en ruta (pic-nic), continuación del viaje. Llegada a las localidades de origen. Fin del Viaje y de nuestros servicios.

PREPÁRATE

A ESCUCHA

1 Escucha la cinta y elige el dibujo apropiado.

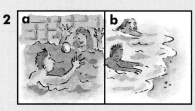

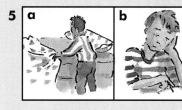

B HABLA

1 Trabaja con tu pareja. Describe una excursión que hiciste. Pregunta y contesta:

¿Adónde fuiste?　　¿Cómo fuiste?　　¿Qué llevaste?

¿Qué hiciste?　　¿Qué comiste?　　¿A qué hora llegaste a casa?

C LEE

1 Empareja las dos partes de cada frase correctamente.

1 El sábado fui de excursión ...
2 Fuimos en ...
3 Llevamos ...
4 Nos bañamos ...
5 Comimos ...
6 Después nos tumbamos ...

a ... pan, chorizo, queso y fruta.
b ... toallas, trajes de baño y un picnic.
c ... bicicleta.
d ... al sol.
e ... al campo.
f ... en el río.

D ESCRIBE

1 Copia la historia y escribe las palabras apropiadas en los espacios en blanco.

> Este fin de semana .... de excursión con mis padres. Desafortunadamente todo salió .... Para empezar, ... mal tiempo: .... una tormenta, ...mucho viento y .... Por la tarde cuando volvimos a casa el coche .... con un autobús. No fue un accidente muy .... pero mi hermano .... la cabeza y .... que ir al hospital. Llegamos tarde a casa.

tuvo　hizo　llovió　fui　hubo　hizo　mal　grave　se hirió　chocó

1 México ayer y hoy

El idioma oficial es el castellano pero se hablan muchos otros idiomas nativos.

La industria petrolera es muy importante para México. Tiene depósitos petroleros en la Bahía de Campeche. Exporta petróleo a los Estados Unidos.

Tijuana

Estados Unidos

Sierra Madre Occidental

Los mexicanos son excelentes jinetes y lo demuestran en las charreadas o rodeos. En el noroeste de México, como en Tijuana, por ejemplo, las charreadas son muy populares.

Muchas palabras asociadas con los vaqueros en los Estados Unidos son de origen mexicano: mustang - mesteño, canyon - cañón, stampede - estampida, vigilante - vigilante, lasso - lazo, corral - corral, y muchas más.

Guadalajara

Ciudad Mé.

La capital de México está a 2240 metros de altura y está construida en un lago al pie de dos volcanes, el Popocatepetl y el Ixtaccihuatl. Fue la capital de la civilización azteca. Ahora es la ciudad más grande del mundo.

La comida mexicana es famosa por sus chiles. La base de la comida es la tortilla, hecha de harina de maíz. El maíz, los tomates, el aguacate, el pavo, la vainilla y el chocolate son ingredientes de origen mexicano que hoy se conocen en todo el mundo.

Acapulco

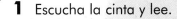

1 Escucha la cinta y lee.

21

> ### SOCORRO
>
> el jinete - *horse rider*
> lo demuestran - *they show it*
> el rodeo - *show of cowboy skills*

En la Península de Yucatán están las selvas tropicales. Entre los árboles de las selvas vive una gran variedad de animales. Hay campañas internacionales para proteger el medio ambiente en esta zona.

México es un centro de turismo internacional Tiene un clima excelente durante todas las estaciones del año. En invierno o verano, primavera u otoño, siempre hace buen tiempo para visitar las magníficas playas de Acapulco y Cancún.

2 Mira el SOCORRO. ¿Hay otras palabras que no comprendes en la descripción de México? Busca las palabras en un diccionario.
Para saber cómo usar un diccionario mira las páginas 108–111.

3 Contesta las preguntas.

1 ¿Cuál es el idioma oficial de México?
2 ¿Qué tiempo hace en México?
3 ¿Qué industria es importante en Acapulco?
4 ¿Dónde están las selvas tropicales?
5 ¿Cuándo se fundaron Chichén Itzá y Palenque?
6 ¿Qué se exporta a los Estados Unidos?

Océano Atlántico

Sur
Bahía de Campeche
Chichén Itzá
PENÍNSULA DE YUCATÁN
Palenque
Guatemala
Océano Pacífico

También en Yucatán están las ruinas de ciudades mayas como Chichén Itzá y Palenque, fundadas por los mayas hace unos 1200 años. Los mayas y los toltecas ocuparon el sur de México. Más tarde la civilización azteca ocupó el centro del país.

2 Hablamos de tu país

1a Escucha la cinta. Unos jóvenes nos hablan
de sus países. ¿Qué hay en cada país?

1b Escucha la cinta otra vez y mira las postales. Empareja las
postales con las descripciones. ¡Ojo! Hay cuatro postales
pero sólo tres descripciones.

2 Lee la carta con tu pareja.

¡Hola! Me llamo Silvia Gómez. Soy de las Islas Canarias. Vivo en Lanzarote. Es una isla volcánica y tiene un paisaje curioso. En algunas partes de la isla puedes imaginar que estás en la luna porque la tierra está cubierta de rocas negras y las playas tienen arena de color gris. Las Islas Canarias pertenecen a España y se habla castellano pero estamos cerca de África. Hay buen clima: hace sol y hace calor todo el año. Hace bastante viento pero no hace frío. El turismo es muy importante. Mucha gente viene a Lanzarote de vacaciones porque puedes ir a la playa en verano y en invierno. Hay buenas condiciones para hacer deportes acuáticos como el windsurf. También hay polideportivos excelentes y muchos atletas vienen a Lanzarote a entrenarse.

SOCORRO

la luna - *moon*
cubierta - *covered*
la arena - *sand*
la gente - *people*

3a Elige una postal de la actividad 1b y descríbela a tu pareja.

3b Escribe una descripción de tu país.

ejemplo

Mi país está al norte de Inglaterra. En mi país hay montañas, lagos y muchos bosques. Se habla inglés y gaélico. La industria principal es la petrolera. El clima es frío en invierno.

Está	al	norte	de	Europa.	El clima es	bueno	en	invierno.
	en el	sur		Inglaterra.		malo		verano.
		este		Norteamérica.				primavera.
		oeste		Sudamérica.				otoño.
				Asia.	Hace	buen tiempo.		
				África.		mal tiempo.		
Está	en		el	Caribe.		sol.		
				Mediterráneo.		frío.		
				Pacífico.		calor.		
				Atlántico.	Llueve.			
					Nieva.			
Hay	lagos.				La industria principal es	la agricultura.		
Tiene	bosques.					la petrolera.		
	montañas.					el turismo.		
	árboles.				Se habla	inglés.		
	selvas.					castellano.		
	playas.					bengalí.		
	ríos.					portugués.		
	volcanes.					italiano.		
						árabe.		
						polaco.		

3 ¿Cómo es Ciudad de México?

 1a Escucha la cinta y lee.

CIUDAD DE MÉXICO es la capital más antigua del continente americano. Está construida sobre las ruinas de la ciudad azteca de Tenochtitlán. Tenochtitlán es el nombre azteca de la Ciudad de México.

Ahora es una ciudad enorme y fascinante. Tiene una población de más de 20 milliones de habitantes. Tiene edificios antiguos de los conquistadores españoles. También tiene edificios modernos, rascacielos altos y avenidas anchas. Pero tiene mucho tráfico: hay unos 18,000 taxis y 2,300,000 vehículos más.

En varias partes de la ciudad hay restos de la antigua civilización azteca. Los canales de Xochimilco tienen el plan de la ciudad azteca. En una estación de metro hay ruinas de un pirámide. Y el Zócalo, la plaza principal de la ciudad y una de las más grandes del mundo, fue la plaza principal de Tenochtitlán.

 1b Escucha la cinta otra vez y empareja las dos partes de cada frase.

1	Tenochtitlán es ...	**a** ... puedes ver murales de Diego Rivera.
2	La Ciudad de México tiene una población de ...	**b** ... suficientes escuelas y colegios.
		c ... el plan de la ciudad azteca.
3	En Ciudad de México ...	**d** ... mucho tráfico.
4	Tiene ...	**e** ... una de las plazas más grandes del mundo.
5	En el Palacio de Bellas Artes ...	**f** ... más de 20 millones de habitantes.
6	Los canales de Xochimilco tienen ...	**g** ... contaminación.
7	En una estación de metro ...	**h** ... el nombre azteca de Ciudad de México.
8	El Zócalo es ...	**i** ... hay las ruinas de una pirámide.
9	Hay mucha ...	**j** ... hay unos 18.000 taxis.
10	No hay ...	

SOCORRO

antiguo/a - *ancient*	puedes ver - *you can see*	el riesgo - *risk*
está construido/a - *it is built*	los restos - *remains*	el terremoto - *earthquake*
sobre - *on*	el empleo - *employment*	mató - *it killed*
el edificio - *building*	el servicio médico - *medical service*	a pesar de - *in spite of*
el rascacielo - *sky scraper*	el/la artista - *artist*	el lugar - *place*
ancho/a - *wide*	sufre - *suffers*	

Si te gusta el arte y la cultura, hay mucho de interés en Ciudad de México. El Museo de Antropología, por ejemplo, es excelente. Y en muchos edificios como en el Palacio de Bellas Artes, puedes ver murales magníficos de artistas mexicanos como Diego Rivera.

En una ciudad tan grande hay también problemas sociales. Hay mucha contaminación. No hay empleo para todos. No hay suficientes escuelas ni colegios, ni hay suficientes servicios médicos. Además la región sufre riesgo de terremotos. El terremoto de 1985 mató a miles de personas y destruyó gran parte de la ciudad.

A pesar de estos problemas Ciudad de México es realmente una de las ciudades más interesantes del mundo.

23 **2** Trabaja con tu pareja y compara tu ciudad o pueblo con Ciudad de México.

ejemplo

En Ciudad de México hay edificios modernos y avenidas anchas. En mi pueblo hay casas antiguas y calles estrechas.

Mi pueblo ciudad	es grande. pequeño/a.	Tiene	una población de x mil/millones. x mil/millones de habitantes. edificios antiguos.
Está construido/a	sobre ruinas antiguas. en un valle.		rascacielos altos. calles estrechas.
Hay No hay	mucho de interés. taxis. vehículos. autobuses. una estación de trenes.	Puedes ver	museos. palacios. iglesias. un sistema de metro. restaurantes.

3 Haz un póster anunciando tu pueblo o ciudad para turistas mexicanos.

4 La comida mexicana

1a Escucha la cinta y escribe los números de las fotos en el orden en que se mencionan.

Compré una camiseta genial.

Fui a la playa todos los días.

MENÚ

Platos combinados

Elige uno o dos de los siguientes platos:

Enchilada
tortilla rellena de carne picada, pollo o queso

Taco
relleno de carne o pollo

Burrito
tortilla rellena de pollo, carne, fríjoles o guacamole

Tequiñones
tortilla frita rellena de tomate, chile, cilantro y queso o fríjoles refritos

Comí muchas enchiladas.

Visité Chichén Itzá. Las pirámides son increíbles.

1b Trabaja con tu pareja. Pregunta y contesta:

ejemplo

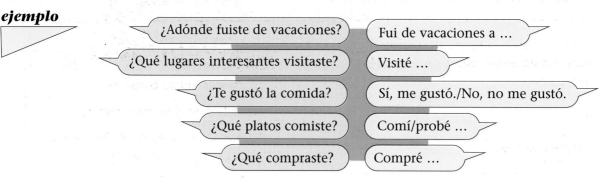

¿Adónde fuiste de vacaciones?	Fui de vacaciones a ...
¿Qué lugares interesantes visitaste?	Visité ...
¿Te gustó la comida?	Sí, me gustó./No, no me gustó.
¿Qué platos comiste?	Comí/probé ...
¿Qué compraste?	Compré ...

2 Escribe unas frases para poner con las fotos de tus vacaciones.

RESTAURANTE ACAPULCO

Para empezar

Guacamole
aguacate con tomates, cebolla y chile

Nachos
tortilla con fríjoles, queso y jalapeños

Quesadilla
tortilla rellena de queso, cilantro y jalapeños
y con pollo, fríjoles o carne

Empanaditas de Papá
tacos fritos rellenos de patatas,
jalapeños y especias

Especialidades

Enchiladas suizas
tortillas rellenas de pollo con queso,
salsa verde y nata

Huevos rancheros
2 huevos fritos sobre una tortilla con
fríjoles refritos y salsa picante

Mole poblano
pavo con mole, una salsa muy rica de
chocolate y con muchas especias

Platos combinados
Elige uno o dos de los siguientes platos:

Enchilada
tortilla rellena de carne picada, pollo o queso

Taco
relleno de carne o pollo

Burrito
tortilla rellena de pollo, carne, fríjoles o guacamole

Tequiñones
tortilla frita rellena de tomate, chile, cilantro
y queso o fríjoles refritos

SOCORRO

para empezar - *starters*
el guacamole - *guacamole*
la cebolla - *onion*
el chile - *chilli*
la tortilla - *flat pancake
          made from maize flour*

el fríjol - *kidney bean*
el jalapeño - *Jalapeño chilli*
el cilantro - *coriander*
relleno/a de - *filled with*
el taco - *rolled pancake*
frito - *fried*
la especia - *spice*

el plato - *dish*
la especialidad - *speciality*
la enchilada - *stuffed rolled tortilla*
suiza - *Swiss*
la salsa - *sauce*
la nata - *cream*
picante - *hot/spicy*

3 Mira el menú. Imagina que fuiste a un restaurante mexicano. Di a tu pareja qué comiste.

jemplo

¿Qué comiste?

Comí/tuve/probé ... las enchiladas/
el guacamole/los burritos.

⑤ Una canción mexicana

LOS MARIACHIS

Los mariachis son músicos mexicanos al servicio de la gente. Estos músicos forman grupos y se pueden contratar. Cantan las canciones que los clientes piden.

En Ciudad de México está la Plaza Garibaldi, donde hay cientos de grupos que se ganan la vida cantando y tocando la romántica música mariachi.

Por lo general, los mariachis se acompañan con un guitarrón, dos violines y una guitarra. A veces hay trompetas y arpas también. Visten con trajes tradicionales muy elegantes y sombreros anchos.

La palabra mariachi tiene su origen en la palabra *mariage* que en francés significa matrimonio. Estos grupos se contrataban para tocar durante las bodas. Hoy día los contratan también para los días de fiesta y para ocasiones especiales como los cumpleaños.

Si es el cumpleaños o el santo de una amiga en México puedes contratar a un grupo de mariachis para despertarla por la mañana con la canción Las mañanitas.

SOCORRO

la canción - *song*	tocando - *playing*
el músico - *musician*	a veces - *sometimes*
la gente - *people*	el traje - *suit*
contratar - *to hire*	la boda - *wedding*
cantar - *to sing*	hoy día - *nowadays*
ganarse la vida	el santo - *saint's day*
- *to earn a living*	

1 Lee sobre los mariachis y completa las frases con las palabras correctas.

1 Es posible **A** CONTRATAR a un grupo de mariachis.

            B CASAR

            C VESTIR

2 Un instrumento que no es típico de los mariachis es

    A LA GUITARRA.   **B** EL VIOLÍN.   **C** EL PIANO.

3 Los mariachis visten

    A CON SOMBREROS MUY ANCHOS.   **B** COMO GARIBALDI.   **C** CON TRAJES DE BODA.

4 Puedes despertar a tu amiga con

    A UNA PALABRA FRANCESA.   **B** UN TRAJE ELEGANTE.   **C** UNA CANCIÓN.

5 Las mañanitas es una canción

    A DE BODA.   **B** DE CUMPLEAÑOS.   **C** FRANCESA.

2 Escucha la cinta y aprende a cantar la canción.

LAS MAÑANITAS

Las mañanitas es una canción de cumpleaños tradicional de México.
Es costumbre contratar a una banda de Mariachis para cantar Las mañanitas
a la persona que cumple los años o que celebra su santo.

Éstas son las mañanitas
que cantaba el rey David,
y hoy, por ser tu santo,
te las cantamos a ti.

Despierta, mi bien, despierta,
mira que ya amaneció.
Ya los pajaritos cantan,
la luna ya se metió.

Qué linda está la mañana
en que vengo a saludarte.
Venimos todos con gusto
y placer a felicitarte.

El día que tú naciste
nacieron todas las flores.
En la pila del bautizo
cantaron los ruiseñores.

Ya viene amaneciendo,
ya la luna del día nació.
Levántate de mañana,
mira que ya amaneció.

¿SABÍAS QUE ...?

... en los países hispanos se celebra el
cumpleaños y el santo. El santo es la
fiesta del santo que lleva tu nombre:

San Jorge, el 23 de abril
Santa Ana, el 25 de julio
San Nicolás, el 6 de diciembre
San David, el 1 de marzo
Santa Catalina, el 29 de abril

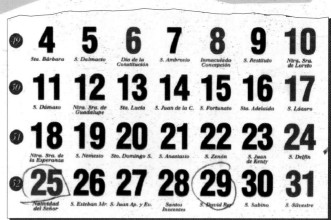

6 En juego

Juega el juego con tu pareja. Sigue las instrucciones y contesta las preguntas. Después tu pareja suma los puntos indicados para cada frase que haces.

1 ¿Qué comiste para el desayuno?

1 punto

2 ¿A qué hora llegaste al colegio?

1 punto

3 ¿Hiciste algo para ayudar en casa ayer? ¿Qué hiciste?

1 punto para cada tarea que hiciste
-1 punto si no hiciste nada

6 ¿Qué hiciste este fin de semana?

1 punto para cada cosa que hiciste

5 ¿Qué dijiste a tu profesor cuando no hiciste los deberes?

Más puntos para las respuestas más originales, por ejemplo: Lo siento que no hice los deberes pero el perro/ un caballo/mi hermano pequeño se comió mi libro. 3 puntos
No hice los deberes porque hubo un partido de fútbol estupendo en la tele. -1 punto

4 ¿A qué hora te acostaste anoche?

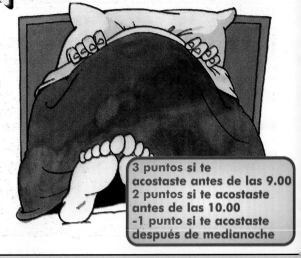

3 puntos si te acostaste antes de las 9.00
2 puntos si te acostaste antes de las 10.00
-1 punto si te acostaste después de medianoche

Describe algo terrible que te pasó a ti alguna vez.

¡Cuanto más terrible mejor! 3 puntos o más

Describe algo terrible que le pasó a un amigo o amiga.

3 puntos

¿Qué hiciste durante las vacaciones?

1 punto para cada cosa que hiciste más 2 puntos si no es aburrido

¿Adónde fuiste de vacaciones este año? ¿Cómo fuiste? Si no fuiste de vacaciones, inventa un lugar y un medio de transporte.

1 punto para un lugar verdadero o imaginario. 1 punto para decir cómo fuiste

¿Qué hiciste este año para celebrar tu cumpleaños/la Nochevieja/la Navidad/el fin de curso?

1 punto para cada cosa que hiciste. -5 puntos si no hiciste nada

2 puntos o menos

¡Un resultado fatal! Pero no te preocupes, este juego no hay que tomarlo en serio. ¡No es una prueba sino una oportunidad para hablar de ti mismo! Vuelve a hacer el juego y a ver si te sale mejor.

Entre 3 y 20 puntos

Bien. No te preocupes si no puedes decir todo lo que quieres en español. Lo importante es intentar expresarte y si practicas mucho pronto vas a hablar como los españoles. ¡Ya verás!

¿Qué hiciste este mes para ayudar a un amigo/un animal/el mundo?

3 puntos para cada cosa que hiciste. -10 puntos si no hiciste nada

Más de 20 puntos

¡Fenomenal! Generalmente los profes se enfadan si hablas mucho en clase pero en este caso, si lo dices todo en español tu profe está contento e incluso te da buenas notas. Hablas mucho en español y te expresas con imaginación. Enhorabuena.

RESUMEN

Now you can:

● understand descriptions of countries	México es un centro de turismo internacional.
● talk about your country	Está en el Caribe. Hay montañas. Se habla inglés. Llueve en invierno.
● talk about a town or city	Mi pueblo es aburrido. No hay mucho que hacer. Puedes ver tiendas.
● talk about food from another country	¿Cómo son las enchiladas? Probé el guacamole.
● understand descriptions of customs from another country	Los mariachis son músicos mexicanos que se pueden contratar.
● sing a Mexican song	Las mañanitas

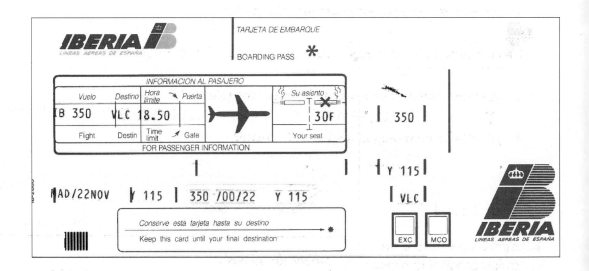

PREPÁRATE

A ESCUCHA

1 Escucha la cinta y elige la letra apropiada para cada persona.

B HABLA

1 Trabaja con tu pareja. Pregunta y contesta:

¿Adónde fuiste de vacaciones?
¿Qué tal fue la comida?
¿Qué comiste?

¿Qué lugares visitaste?
¿Compraste algo? ¿Qué compraste?

C LEE

1 Elige la respuesta apropiada a cada pregunta.

1 ¿Qué animal es necesario para una charreada?
  a un perro   **b** un caballo   **c** un gato

2 La capital de México es la ciudad más grande del mundo. ¿Cierto o falso?
  a cierto   **b** falso

3 ¿Quiénes fueron los aztecas, los mayas y los toltecas?
  a los antiguos habitantes de México   **b** las ciudades antiguas de México

4 ¿De dónde vino originalmente el chocolate?
  a de Asia   **b** de Suiza   **c** de México

D ESCRIBE

1 Escribe una carta a un amigo español que viene a tu casa. Describe lo que hay de interés en tu ciudad o barrio.

ejemplo

Estimado David:
¿Vas a venir a pasar unos días en casa? ¡Qué bien! Vivo en Newcastle. Es una ciudad bastante grande. Tiene un aeropuerto y un sistema de metro. Tiene cines, museos y restaurantes. ¡También tiene un club de fútbol bastante bueno!
Espero verte pronto.
Miguel

Búscalo en el diccionario 1

No entiendo ninguna de las palabras marcadas en naranja

Bueno, búscalas en el diccionario enfrente.

¡Buena idea! ¡Qué listo eres!

¿Qué hay en Sevilla?

La catedral es muy grande. Construida entre 1402 y 1506, sobre la antigua mezquita, es el tercer templo más grande del mundo.

La Torre del Oro está al lado del río Guadalquivir. Es uno de los símbolos de Sevilla. Es importante durante el descubrimiento de las Américas porque todos los barcos de las Indias llegan a este punto y dejan en la torre todo el oro que traen del Nuevo Mundo. Ahora es un pequeño museo marítimo. Abierto de 10h a 13h (cerrado los lunes).

Los Reales Alcázares es un palacio espléndido, primero de los reyes árabes y después de los reyes cristianos. Es de estilo árabe y gótico. Tiene unos jardines preciosos y tranquilos. Abierto de las 9h a 12.45h y de 16.30h a 19.30h.

¿Qué te pasa, hombre?

'Estrechas' no está en el diccionario.

'Estrechas' es un adjetivo. Está en el diccionario en su forma singular y en masculino. Mira, aquí está: estrecho, a *adj*

El Barrio de Santa Cruz está cerca de los Reales Alcázares y es una parte antigua de la ciudad. Tiene calles estrechas y casas antiguas. Tiene también bares y restaurantes buenos que sirven tapas y comidas muy ricas. ¿Ya tienes hambre?

Un lugar ideal para ir de paseo es el Parque de María Luisa y la Plaza de España.

No todo es antiguo en Sevilla. Hay buena arquitectura moderna como por ejemplo en la isla de la Cartuja, sede de la EXPO en 1992. Tiene también la estación de Santa Justa y el puente de la Barqueta.

'Jardines preciosos...' ¿Qué significa 'preciosos'.

¡Ojo! Hay que mirar el contexto.

¿No significa 'de mucho valor'?

Aquí no. Aquí significa 'bonito'.

File   Edit   View   Spelling   Paragraph   Font   Style

Diccionario

descubrimiento [deskuβri'mjento] *nm* *(hallazgo)* discovery; *(revelación)* revelation.

después [des'pwes] *adv* afterwards, later; *(próximo paso)* next; ~ **de comer** after lunch; **un año** ~ a year later; ~ **se debatió el tema** next the matter was discussed; ~ **de corregido el texto** after the text had been corrected; ~ **de todo** after all.

entre ['entre] *prep (dos)* between; *(más de dos)* among(st).

estrecho, a [es'tretʃo, a] *adj* narrow; *(apretado)* tight; *(íntimo)* close, intimate; *(miserable)* mean ♦ *nm* strait; ~ **de miras** narrow-minded.

isla ['isla] *nf* island.

lugar [lu'ɣar] *nm* place; *(sitio)* spot; **en ~ de** instead of; **hacer** ~ to make room; **fuera de** ~ out of place; **tener** ~ to take place; ~ **común** commonplace.

mezquita [meθ'kita] *nf* mosque.

museo [mu'seo] *nm* museum.

oro ['oro] *nm* gold; ~**s** *nmpl* *(NAIPES)* hearts.

precioso, a [pre'θjoso, a] *adj* precious; *(de mucho valor)* valuable; *(fam)* lovely, beautiful

primero, a [pri'mero, a] *(delante de nmsg:* **primer***) adj* first; *(principal)* prime ♦ *adv* first; *(más bien)* sooner, rather; **primera plana** front page.

puente ['pwente] *nm* bridge; **hacer ~** *(inf)* to take extra days off work between 2 public holidays; to take a long weekend; ~ **aéreo** shuttle service; ~ **colgante** suspension bridge.

sede ['seðe] *nf (de gobierno)* seat; *(de compañía)* headquarters *pl*; **Santa S~** Holy See.

tapa ['tapa] *nf (de caja, olla)* lid; *(de botella)* top; *(de libro)* cover; *(comida)* snack.

tercer [ter'θer] *adj ver* **tercero**.

tercero, a [ter'θero, a] *adj (delante de nmsg:* **tercer***)* third ♦ *nm (JUR)* third party.

torre ['torre] *nf* tower; *(de petróleo)* derrick.

Mira las páginas 110 y 111 para ver qué significan las palabras marcadas en azul.

Búscalo en el diccionario 2

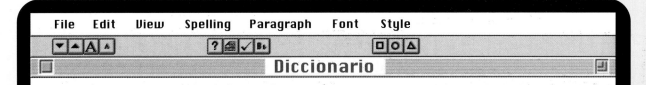

Diccionario

---

construir [konstru'ir] *vt* to build, construct.

dejar [de'xar] *vt* to leave; *(permitir)* to allow, let; *(abandonar)* to abandon, forsake; *(beneficios)* to produce, yield ♦ *vi:* ~ **de** *(parar)* to stop; *(no hacer)* to fail to; **no dejes de comprar un billete** make sure you buy a ticket; ~ **a un lado** to leave *o* set aside.

llegar [ʎe'ɣar] *vi* to arrive; *(alcanzar)* to reach; *(bastar)* to be enough; ~**se** *vr:* ~**se a** to approach; ~ **a** to manage to, succeed in; ~ **a saber** to find out; ~ **a ser** to become; ~ **a las manos de** to come into the hands of.

servir [ser'βir] *vt* to serve ♦ *vi* to serve; *(tener utilidad)* to be of use, be useful; ~**se** *vr* to serve *o* help o.s.; ~**se de algo** to make use of sth, use sth; **sírvase pasar** please come in.

tener [te'ner] *vt* **1** *(poseer, gen)* to have; *(en la mano)* to hold; **¿tienes un boli?** have you got a pen?; **va a ~ un niño** she's going to have a baby; **¡ten** (*o* **tenga)!, ¡aquí tienes** (*o* **tiene)!** here you are!
2 *(edad, medidas)* to be; **tiene 7 años** she's 7 (years old); **tiene 15 cm de largo** it's 15 cm long; *ver* **calor, hambre** *etc*
3 *(considerar):* **lo tengo por brillante** I consider him to be brilliant; ~ **en mucho a uno** to think very highly of sb
4 (+ *pp:* = *pretérito):* **tengo terminada ya la mitad del trabajo** I've done half the work already
5: ~ **que hacer algo** to have to do sth; **tengo que acabar este trabajo hoy** I have to finish this job today
6: ¿qué tienes, estás enfermo? what's the matter with you, are you ill? ♦ ~**se** *vr* **1:** ~**se en pie** to stand up
2: ~**se por** to think o.s.; **se tiene por muy listo** he thinks himself very clever.

traer [tra'er] *vt* to bring; *(llevar)* to carry; *(ropa)* to wear; *(incluir)* to carry; *(fig)* to cause; ~**se** *vr:* ~**se algo** to be up to sth.

Resumen de gramática - Grammar summary

NOUNS

Nouns in Spanish are either masculine or feminine:

masculine	*feminine*
dormitorio (bedroom)	cama (bed)

Add an 's' to make nouns plural in most cases: dormitorio**s**, cama**s**.

For nouns that end in a consonant add 'es' to make the plural:

singular	*plural*
ordenador (computer)	ordenador**es** (computers)

Some words gain or lose an accent in the plural:

joven (young person)	j**ó**venes (young people)
jardín (garden)	jard**i**nes (gardens)

Words ending in 'z' in the singular change the 'z' to a 'c' then add 'es' for the plural:

lápiz (pencil)	lápi**ces** (pencils)

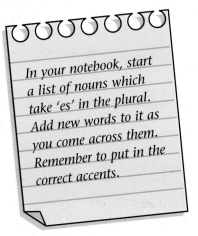

In your notebook, start a list of nouns which take 'es' in the plural. Add new words to it as you come across them. Remember to put in the correct accents.

ARTICLES

Definite articles

The word for 'the' changes according to whether the noun is masculine (*m*), feminine (*f*) or plural:

m. singular	*m. plural*	*f. singular*	*f. plural*
el zapato (the shoe)	**los** zapatos (the shoes)	**la** camisa (the shirt)	**las** camisas (the shirts)

Indefinite articles

Similarly the words for 'a', 'an' and 'some' also change:

m. singular	*m. plural*	*f. singular*	*f. plural*
un huevo	**unos** huevos	**una** naranja	**unas** naranjas
(an egg)	(some eggs)	(an orange)	(some oranges)

ADJECTIVES

Adjectives agree with the noun they describe so they have masculine, feminine and plural forms too:

m. singular	*m. plural*	*f. singular*	*f. plural*
nuev**o** (new)	nuev**os**	nuev**a**	nuev**as**
un libro nuevo	unos libros nuevos	la cámara nueva	las cámaras nuevas

These add an 's' to become plural as you can see in the examples above. Many adjectives end in 'o' for the masculine form and 'a' for the feminine but there are some exceptions, for example:

m. and f. singular	*m. and f. plural*
fácil (easy)	fáciles
difícil (difficult)	difíciles
grande (big)	grandes
interesante (interesting)	interesantes
verde (green)	verdes

Start a list of adjectives. Write them down with their meanings. Put the ones which do not end in 'o/a' in a separate section.

Possessive adjectives

	m. and f. singular		*m. and f. plural*	
my	**mi** gorro (cap)		**mis** gorros (caps)	
your *(tú)*	**tu** maleta (suitcase)		**tus** maletas (suitcases)	
his/her/its/ your *(usted)*	**su** jersey (jumper)		**sus** jerseys (jumpers)	
	m. singular	*f. singular*	*m. plural*	*f. plural*
our	**nuestro** libro	**nuestra** cámara	**nuestros** libros	**nuestras** cámaras
your *(vosotros)*	**vuestro** ordenador	**vuestra** mesa	**vuestros** ordenadores	**vuestras** mesas
	m. and f. singular		*m. and f. plural*	
their/ your *(ustedes)*	**su** dormitorio		**sus** dormitorios	

Demonstrative adjectives

The words for 'this', 'these', 'that' and 'those' agree with the nouns they describe:

	m. singular	*m. plural*	*f. singular*	*f. plural*
this/these	**este** bañador	**estos** bañadores	**esta** toalla	**estas** toallas
that/those	**ese** zapato	**esos** zapatos	**esa** mochila	**esas** mochilas

PRONOUNS

Demonstrative pronouns

These follow the same pattern as demonstrative adjectives, but they have an accent on the first 'e'.

this is my brother	**é**ste es mi hermano
these are my sisters	**é**stas son mis hermanas

Subject pronouns

singular			*plural*		
I	yo		we	nosotros *(m)*	nosotras *(f)*
you	tú *(familiar)*		you	vosotros *(m)*	vosotras *(f) (familiar)*
he, it	él		they	ellos *(m)*	ellas *(f)*
she, it	ella				
you	usted (polite)		you	ustedes (polite)	

Direct and indirect object pronouns

In English, these are words like *me, him, her, it* and *them*. You will learn more about object pronouns in Stages 3 and 4 of *¡Arriba!* At present, just try to remember one or two useful phrases in which they occur:

(In a shop)

I'll take **it**	me **lo** llevo
I'll take **them**	me **los** llevo

(Talking about pocket money)

I spend **it** on clothes	me **lo** gasto en ropa
I spend **it** on going out with friends	me **lo** gasto en salir con amigos

(Saying what you need)

I need a toothbrush	**me** hace falta un cepillo de dientes
He/She needs a book	**le** hace falta un libro

(With friends)

I want to invite you	quiero invitar**te**
Tell me	di**me**

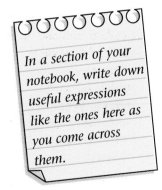

In a section of your notebook, write down useful expressions like the ones here as you come across them.

PREPOSITIONS OF PLACE

detrás de (behind)   enfrente de (opposite)   sobre (on top of)   a la derecha de (to the right of)
delante de (in front of)   al lado de (next to)   debajo de (under)   a la izquierda de (to the left of)

a + el = al   de + el = del
La lámpara está al lado del ordenador.

Write down a sentence about where your school or your house is, using as many of the prepositions as you can.

NUMBERS

Cardinal numbers

The number one and other numbers ending in uno or cientos
agree with the noun they describe. Other numbers do not agree.

0	cero	21	veintiuno (veintiuna)	200	doscientos	(m)
1	uno (m) una (f)	22	veintidós		doscientas	(f)
2	dos	23	veintitrés	300	trescientos	(m)
3	tres	24	veinticuatro		trescientas	(f)
4	cuatro	25	veinticinco	400	cuatrocientos	(m)
5	cinco	26	veintiséis		cuatrocientas	(f)
6	seis	27	veintisiete	500	quinientos	(m)
7	siete	28	veintiocho		quinientas	(f)
8	ocho	29	veintinueve	600	seiscientos	(m)
9	nueve	30	treinta		seiscientas	(f)
10	diez	31	treinta y uno (treinta y una)	700	setecientos	(m)
11	once	32	treinta y dos		setecientas	(f)
12	doce	40	cuarenta	800	ochocientos	(m)
13	trece	50	cincuenta		ochocientas	(f)
14	catorce	60	sesenta	900	novecientos	(m)
15	quince	70	setenta		novecientas	(f)
16	dieciséis	80	ochenta	1000	mil	
17	diecisiete	90	noventa	1002	mil dos	
18	dieciocho	100	cien, ciento	2000	dos mil	
19	diecinueve	101	ciento uno (ciento una)	5000	cinco mil	
20	veinte	102	ciento dos	10000	diez mil	
		110	ciento diez	1000000	millón	

Uno

Uno becomes **un** before a noun: un litro de limonada

Cien

Cien gramos de jamón serrano
Ciento cincuenta gramos de chorizo
Doscientos gramos de queso

Mil

Mil novecientos noventa y siete = 1997

Primero

Primero becomes **primer** before a masculine noun: el primer piso
Primera remains the same: la primera vez

Dates

el primero de mayo (May 1st)
el dos de mayo (May 2nd)
el tres de mayo (May 3rd)

Ordinal numbers

1[o/a]	primero/a	6 [o/a]	sexto/a
2 [o/a]	segundo/a	7 [o/a]	séptimo/a
3 [o/a]	tercero/a	8 [o/a]	octavo/a
4 [o/a]	cuarto/a	9 [o/a]	noveno/a
5 [o/a]	quinto/a	10 [o/a]	décimo/a

1[o] el primero (m) 1[a] la primera (f) first
el último (m)   la última (f) last

Write down in words
a) when your birthday is b) the year you were born.
Mi cumpleaños es el ...
Nací en ...

QUESTIONS

In Spanish questions start with an upside–down question mark. Unlike in English, the word order in questions is the same as the word order in statements.

¿Puedo reservar un asiento?	Can I reserve a seat?
¿Vas a Sevilla?	Are you going to Seville?
¿Quieres tomar algo?	Would you like anything to drink?
¿Hay un polideportivo?	Is there a sports centre?
¿Está cerca?	Is it near?

Questions with question words

¿**Quién** es?	Who is it?
¿**Quiénes** son?	Who are they?
¿**Qué** vas a hacer este fin de semana?	What are you going to do this weekend?
¿**Qué** tiempo hace?	What is the weather like?
¿**Qué** lugares interesantes visitaste?	What interesting places did you visit?
¿**A qué** hora llega el tren?	At what time does the train arrive?
¿**Dónde** está el despacho de billetes?	Where is the ticket office?
¿**Adónde** vas?	Where are you going?
¿**Cuándo** quieres ir?	When do you want to go?
¿**Cuál** es tu bolígrafo?	Which is your pen?
¿**Cuánto** dinero te dan tus padres?	How much money do your parents give you?
¿**Cuánto** es?	How much is it?
¿**Cuántos** son?	How much are they?
¿**Cuántos** vasos hay?	How many glasses are there?
¿**Cuántas** botellas de limonada hay?	How many bottles of lemonade are there?
¿**Cuánto** tiempo dura el viaje?	How long is the journey?
¿**Cómo** es?	What is it like?
¿**Cómo** se va a tu casa?	How do we get to your house?
¿**Por qué** te gusta Sevilla?	Why do you like Seville?

Por qué and porque

¿**Por qué** ... ? is the question (Why ... ?)
Porque ... is the answer (Because ...)

VERBS

The familiar form

You use this form when you are talking to friends, relations and children. You use tú for one person and vosotros/vosotras for more than one person.

The polite form

You use this form when you are talking to adults who are not close friends or relatives. You use usted for one person and ustedes for more than one person.

In Spanish, you do not usually need to use the subject pronouns (yo, tú, él, etc) because the verb endings show which person is referred to.

Regular verbs Group 1

		present		preterite	
tomar	to take				
(yo)		tom**o**	I take	tom**é**	I took
(tú)		tom**as**	you take	tom**aste**	you took
(él/ella/ usted)		tom**a**	he/she/it takes you (polite form) take	tom**ó**	he/she/it took you (polite form) took
(nosotros/as)		tom**amos**	we take	tom**amos**	we took
(vosotros/as)		tom**áis**	you take	tom**asteis**	you took
(ellos/ellas/ ustedes)		tom**an**	they take you (polite form) take	tom**aron**	they took you (polite form) took

Verbs which follow this pattern are:

		present		preterite	
arreglar	to tidy	arregl**o**	I tidy	arregl**é**	I tidied
ayudar	to help	ayud**o**	I help	ayud**é**	I helped
escuchar	to listen (to)	escuch**o**	I listen	escuch**é**	I listened
hablar	to speak	habl**o**	I speak	habl**é**	I spoke
lavar	to wash	lav**o**	I wash	lav**é**	I washed
limpiar	to clean	limpi**o**	I clean	limpi**é**	I cleaned
llevar	to take (away), to wear, to carry (away)	llev**o**	I take (etc)	llev**é**	I took (etc)
mirar	to watch, to look (at)	mir**o**	I watch (etc)	mir**é**	I watched (etc)
pasar	to pass (by), to happen, to spend (time)	pas**o**	I pass (etc)	pas**é**	I passed (etc)

Llegar and sacar are similar, but they have spelling changes in the first person singular of the preterite:

		present		preterite	
llegar	to arrive	lleg**o**	I arrive	lle**gué**	I arrived
sacar	to take out, to get	sac**o**	I take out/get	sa**qué**	I took out/get

Regular verbs Group 2

		present	preterite
comer	to eat		
(yo)		com**o**	com**í**
(tú)		com**es**	com**iste**
(él/ella/usted)		com**e**	com**ió**
(nosotros/as)		com**emos**	com**imos**
(vosotros/as)		com**éis**	com**isteis**
(ellos/ellas/ustedes)		com**en**	com**ieron**

Beber follows this pattern:

beber	to drink	beb**o**	beb**í**

Try to write out in full the present tense and the preterite of beber.

Ver and leer are similar:

		present	preterite			present	preterite
ver	to see	veo	vi	leer	to read	leo	leí
		ves	viste			lees	leíste
		ve	vio			lee	leyó
		vemos	vimos			leemos	leimos
		veis	visteis			leéis	leísteis
		ven	vieron			leen	leyeron

Regular verbs Group 3

vivir to live	present	preterite
(yo)	viv**o**	viv**í**
(tú)	viv**es**	viv**iste**
(él/ella/usted)	viv**e**	viv**ió**
(nosotros/as)	viv**imos**	viv**imos**
(vosotros/as)	viv**ís**	viv**isteis**
(ellos/ellas/ustedes)	viv**en**	viv**ieron**

Escribir follows this pattern:

escribir to write	present	preterite
	escrib**o**	escrib**í**

Irregular verbs

conocer to know		estar to be*		hacer to do, to make	
present	preterite	present	preterite	present	preterite
conozco	conocí	estoy	estuve	hago	hice
conoces	conociste	estás	estuviste	haces	hiciste
conoce	conoció	está	estuvo	hace	hizo
conocemos	conocimos	estamos	estuvimos	hacemos	hicimos
conocéis	conocisteis	estáis	estuvisteis	hacéis	hicisteis
conocen	conocieron	están	estuvieron	hacen	hicieron

ir to go		poner to put		salir to go out	
present	preterite	present	preterite	present	preterite
voy	fui	pongo	puse	salgo	salí
vas	fuiste	pones	pusiste	sales	saliste
va	fue	pone	puso	sale	salió
vamos	fuimos	ponemos	pusimos	salimos	salimos
vais	fuisteis	ponéis	pusisteis	salís	salisteis
van	fueron	ponen	pusieron	salen	salieron

ser to be*		tener to have	
present	preterite	present	preterite
soy	fui	tengo	tuve
eres	fuiste	tienes	tuviste
es	fue	tiene	tuvo
somos	fuimos	tenemos	tuvimos
sois	fuisteis	tenéis	tuvisteis
son	fueron	tienen	tuvieron

*There are two verbs meaning 'to be': ser and estar.

What do you notice about the preterites of the verb ir (to go) and the verb ser (to be)? Write out the present tense and the preterite of these verbs and learn them. They are very useful.

Ser
Ser is for describing permanent, unchanging things:
¿De qué nacionalidad eres?   Soy español/española.
Mi dormitorio es grande.

It is also used for time:
¿Qué hora es? Es la una/Son las dos.

Estar
Estar describes positions and temporary conditions:
¿Dónde está la cafetería? Está enfrente del banco. ¿Dónde estás? Estoy en la estación.
Estoy triste.

It is used in certain phrases to describe the weather:
Está lloviendo. Está nublado.

Radical changing verbs

Some verbs follow a pattern in which the middle letters change:

dormir	to sleep	jugar	to play	poder	to be able (can)
present	*preterite*	*present*	*preterite*	*present*	*preterite*
duermo	dormí	juego	jugué	puedo	pude
duermes	dormiste	juegas	jugaste	puedes	pudiste
duerme	durmió	juega	jugó	puede	pudo
dormimos	dormimos	jugamos	jugamos	podemos	pudimos
dormís	dormisteis	jugáis	jugasteis	podéis	pudisteis
duermen	durmieron	juegan	jugaron	pueden	pudieron

preferir	to prefer	querer	to want, to love	sentir	to feel
present	*preterite*	*present*	*preterite*	*present*	*preterite*
prefiero	preferí	quiero	quise	siento	sentí
prefieres	preferiste	quieres	quisiste	sientes	sentiste
prefiere	prefirió	quiere	quiso	siente	sintió
preferimos	preferimos	queremos	quisimos	sentimos	sentimos
preferís	preferisteis	queréis	quisisteis	sentís	sentisteis
prefieren	prefirieron	quieren	quisieron	sienten	sintieron

volver	to return, to go back
present	*preterite*
vuelvo	volví
vuelves	volviste
vuelve	volvió
volvemos	volvimos
volvéis	volvisteis
vuelven	volvieron

Reflexive verbs

Reflexive verbs have object pronouns before the different parts of the verb.

bañarse	to bathe, to have a bath
present	*preterite*
me baño	me bañé
te bañas	te bañaste
se baña	se bañó
nos bañamos	nos bañamos
nos bañáis	nos bañasteis
se bañan	se bañaron

Verbs which follow this pattern are:

		present	*preterite*
lavarse	to (have a) wash	me lavo	me lavé
levantarse	to get up	me levanto	me levanté
llamarse	to be called	me llamo	me llamé
pasearse	to go for a walk	me paseo	me paseé
tumbarse	to lie (down)	me tumbo	me tumbé

Ponerse is an irregular reflexive verb:

ponerse	to put on (clothes)
present	*preterite*
me pongo	me puse
te pones	te pusiste
se pone	se puso
nos ponemos	nos pusimos
os ponéis	os pusisteis
se ponen	se pusieron

Herirse is a radical-changing reflexive verb:

herirse	to hurt oneself
present	*preterite*
me hiero	me herí
te hieres	te heriste
se hiere	se hirió
nos herimos	nos herimos
os herís	os heristeis
se hieren	se hirieron

Conocerse means 'to know each other':
¿Os conocéis? Do you know each other?
Nos conocemos. We know each other.

Make a list of first person singulars (the 'I' forms) in the present tense and the preterite with their meanings. Refer to the list when doing a speaking or writing activity.

Talking about the future

You can talk about what you or somebody else is going to do by using the present tense of the verb ir followed by a and an infinitive:

Voy a tener una fiesta en casa.   I am going to have a party at home.
¿Vas a ir al cine?   Are you going to go to the cinema?
Va a salir con sus amigos.   He/She is going to go out with her friends.
Vamos a jugar al baloncesto.   We are going to play basketball.
¿Vais a ver un vídeo?   Are you going to watch a video?
Van a tomar una pizza.   They are going to have a pizza.

Write down five phrases beginning Voy a ... describing what you are going to do in the summer holidays.

Imperatives

These are used for giving instructions or commands. When talking to friends, relations and children, use the tú and vosotros/vosotras forms:

	singular	*plural*
Cross the square	Cruza la plaza	Cruzad la plaza
Take the first on the right	Toma la primera a la derecha	Tomad la primera a la derecha
Turn left	Dobla a la izquierda	Doblad a la izquierda
Go straight on	Sigue todo recto	Seguid todo recto

When talking to adults who are not close friends or relatives, use usted and ustedes:

	singular	*plural*
Cross the square	Cruce la plaza	Crucen la plaza
Take the first on the right	Tome la primera a la derecha	Tomen la primera a la derecha
Turn left	Doble a la izquierda	Doblen a la izquierda
Go straight on	Siga todo recto	Sigan todo recto
Get up	Levántese	Levántense

Imperatives are difficult, because the form of the imperative changes according to whom you are addressing. Make a list of situations in which you might need to use imperatives, decide which form you would be most likely to use, and write out some useful phrases.

Vocabulario español – inglés

A

abajo del todo - below everything
abierto/a - open
la abuela - grandmother
acabo de llegar - I've just arrived
el aceite - oil
acordarse - to remember
me acuerdo - I remember
acostarse - to go to bed
se acuesta - he/she goes to bed, you (usted) go to bed
me acuesto a ... - I go to bed at ...
además - furthermore
África - Africa
agradable - pleasant
agrícola - agricultural
la agricultura - agriculture
el agua (f) - water
el aguacate - avocado
ahora - now
¡ahora no! - not now
estoy ahorrando para ... - I'm saving up for ...
el aire libre - open air
comer al aire libre - to eat out in the open air
el ajo - garlic
la alfombra - rug
¿algo más? - anything else?
allí está - there he/she/it is, you (usted) are
allí están - there they/you (ustedes) are
las almendras - almonds
amaneció - the dawn broke
amarillo/a - yellow
la ambulancia - ambulance
animarle - cheer him/her up
¡anímate! - cheer up! (tú)
el Año Nuevo - New Year
el anorak - anorak
la Antártida - Antarctica
antes - before
antiguo/a - old/ancient
a pesar de - in spite of
aquí estoy - here I am
árabe - Arabic
el árbol - tree
el armario - wardrobe
el arpa - harp
la arquitectura moderna - modern architecture
arreglan - they/you (ustedes) tidy up
arreglar - to tidy up
arreglé mi dormitorio - I tidied up my bedroom
arreglo mi dormitorio - I tidy up my bedroom
arriba del todo - above everything
el arroz - rice
el arte - art
el aseo de caballeros - Gentlemen (toilets)
el aseo de señoras - Ladies (toilets)
Asia - Asia
la aspiradora - vacuum cleaner
el Atlántico - the Atlantic
el autobús - bus
el autocar - coach
el AVE - Spanish high speed train

las avenidas anchas - wide avenues
el avión - aeroplane
el aviso - notice
¡ay! - ouch!
ayer - yesterday
ayudar en casa - to help at home
¿ayudas en casa? - do you (tú) help at home?
ayudo bastante - I help quite a lot
ayudo en casa - I help at home
azteca - Aztec
azul - blue

B

bajar - to go down
el baloncesto - basketball
el bañador - swimming costume
bañarse - to bathe
el banco - bank
el barco - boat
el bar de tapas - tapas bar
barato/a - cheap
la barra de pan - loaf of bread
el barrio antiguo - old quarter
mi barrio es ... - my area is ...
barro el suelo - I sweep the floor
basta ya - that's enough
bastante - quite a lot
la basura - rubbish
la batidora - blender
bebí té - I drank tea
las bebidas - drinks
bebieron - they/you (ustedes) drank
bebimos - we drank
bebió - he/she/it/you (usted) drank
bebiste - you (tú) drank
bebisteis - you (vosotros) drank
el belén - Bethlehem; crib
el bengalí - Bengali
en bici - by bike
la bicicleta - bicycle
billete y reserva - ticket and reservation
el billete - ticket
blanco/a - white
la blusa - blouse
el bocadillo - sandwich
la boda - wedding
el bosque - wood
las botas - boots
el bote de ... - jar of ...
el bote de café - jar of coffee
la botella de limonada - bottle of lemonade
el brazo - arm
el bronceador - suntan lotion
buen tiempo - nice weather
bueno/a - good
bueno/a en - good at
los buenos propósitos - New Year's resolutions

C

los caballos - horses
los cacahuetes - nuts
caerse - to fall
la cafetera - coffee pot
la cafetería - coffee shop
me caí - I fell
la caja de ... - box of ...
la caja de pasteles - box of cakes

los calcetines - socks
la calle - street
el calor - heat
la cama - bed
la cámara fotográfica - camera
el cambio de moneda - exchange bureau
las camisetas - T-shirts
la campaña - campaign
el campeón - champion
el campo - countryside
la canción - song
cantan - they/you (ustedes) sing
la cantidad - quantity
los caramelos - sweets
el Caribe - the Caribbean
la carne - meat
la carnicería - butcher's
caro/a - expensive
el cartón de leche - carton of milk
mi casa - my house
las casas antiguas - old/ancient houses
castaño/a - brown
el castellano - Castillian (Spanish)
la catedral - cathedral
se cayó - he/she/it/you (usted) fell
celebra - he/she celebrates, you (usted) celebrate
la cebolla - onion
la cena - dinner
ceno - I dine
el centro comercial - shopping centre
el cepillo - brush
el cepillo de dientes - toothbrush
está cerca de ... - it is near to ...
el cine - cinema
la ciudad - city
mi ciudad es ... - my city is ...
el clima es ... - the climate is ...
en coche - by car
cocinar - to cook
cocino - I cook
la colcha - bedspread
el colegio - school
comer - to eat
comí - I ate
comí demasiado - I ate too much
no comí nada - I did not eat anything
la comida - food; lunch
comieron - they/you (ustedes) ate
comimos - we ate
comió - he/she/it/you (usted) ate
comiste - you (tú) ate
¿qué comisteis? - what did you (vosotros) eat?
como - such as/like
¿cómo? - how?
¿cómo llego a tu casa? - how do I get to your house?
¿cómo se va a ...? - how do you get to ...?
¿cómo te sientes? - how do you feel?
cómodo/a - comfortable
comparto - I share
comprar - to buy
comprar un tocador de discos compactos - to buy a CD player
comprar un ordenador - to buy a computer
¿qué compraste? - what did you (tú) buy?
compré - I bought

con - with
con mis amigos - with my friends
el concierto de rock - rock concert
conoce - he/she knows/ you (usted) know
conocemos - we know
conocen - they know
conocer - to know
conocerse - to know each other
conoces - you (tú) know
¿le conoces? - do you (tú) know him/her?
conozco - I know
les conozco - I know them
la consigna automática - left luggage
construir - to build
está construido/a... - it is built...
la contaminación - pollution
contra - against
contratar - to hire
correr - to run
las corridas de toros - bullfights
las cortinas - curtains
los cosméticos - cosmetics
cruce la plaza - cross the square (usted)
cruza el puente - cross the bridge (tú)
¿cuál es tu número de teléfono? - what is your telephone number?
¿cuándo? - when?
¿cuándo es? - when is it?
¿cuándo quieres ir? - when do you (tú) want to go?
¿cuándo vas a ir? - when are you (tú) going to go?
¿cuánto es? - how much is it?
¿a cuánto están? - how much are they?
¿cuánto tiempo dura el viaje? - how long does the journey last?
cuarto/a - fourth
el cuarto de baño - bathroom
los cubiertos - cutlery
la cuchara - spoon
el cuchillo - knife
¡cuidado! - careful!
la cultura - culture
el cumpleaños - birthday

CH

el champú - shampoo
la charreada - rodeo
la chica - girl
el chico - boy
el chile - chilli pepper
chocó - he/she/it/you (usted) crashed
el chocolate - chocolate
el chorizo - chorizo sausage

D

me dan - they/you (ustedes) give me
de nada - you're welcome
de ... a ... - from ... to ...
los deberes - homework
debo - I owe
décimo/a - tenth
dejar - to leave
delante de - in front of
deletrear - to spell out
delicioso/a - delicious
deme ... - give me ... (usted)
lo demuestran - they/you (ustedes) show
el/la deportista - sportsman/sportswoman

deprimido/a - depressed
a la derecha - to the right
a la derecha de ... - to the right of ...
desafortunadamente - unfortunately
¡qué desastre! - what a disaster!
desayunar - to breakfast
desayuno - I have breakfast
el descubrimiento de las Américas - discovery of the Americas
el desfile - procession
el desodorante - deodorant
el despacho de billetes - ticket office
despertarse - to wake up
me despierto - I wake up
después - later
después de - after
destruyó - he/she/it/you (usted) destroyed
detrás de ... - behind ...
hoy día - nowadays
el diario - diary
el dibujo - drawing
el diente de ajo - clove of garlic
difícil - difficult
¿diga? - hello? (telephone)
el dinero - money
los discos compactos - CDs
la discoteca - disco
me divierto - I enjoy myself
dobla a la derecha - turn right (tú)
doble a la derecha - turn right (usted)
la docena de huevos - dozen eggs
domingo - Sunday
¿dónde está ...? - where is ...?
¿dónde están ...? - where are ...?
¿dónde hay ...? - where is/are there ...?
¿dónde vives? - where do you (tú) live?
¿dónde? - where?
dormí - I slept
dormí bien - I slept well
dormimos - we slept
dormir - to sleep
dormir la siesta - to have an afternoon nap
dormiste - you (tú) slept
¿dormiste bien? - did you (tú) sleep well?
dormisteis - you (vosotros) slept
el dormitorio - bedroom
dos - two
ducharse - to shower
duchaste - you (tú) showered
me ducho - I shower
me duele ... - my ... is hurting
duermen - they/you (ustedes) sleep
duermo bien - I sleep well
duermo mal - I sleep badly
dulce - sweet
durmieron - they/you (ustedes) slept
durmió - he/she/it/you (usted) slept

E

ecológico - environmentally friendly
el edificio - building
los edificios antiguos - old/ancient buildings
los embutidos - sausages
emocionante - exciting
para empezar - to start with
empiezan - they/you (ustedes) start

empiezo bien - I start well
el empleo - employment
encantado/a - pleased to meet you
me encantaría - I would love to
encender - to light
encima de - on top of
encuentro - I find
enfadarse - to get angry
enfrente de - opposite
enorme - huge
la ensalada - salad
la entrada - entrance
entre - between
entrena - he/she trains, you (usted) train
entreno - I train
el equipo de fútbol - football team
es - he/she/it is, you (usted) are
es más - he/she/it is more, you (usted) are more
la escalera mecánica - escalator
escuchar música - to listen to music
escuché música - I listened to music
el espacio - space
el espejo - mirror
espléndido/a - splendid
está - it/he/she is, you (usted) are
ésta es mi ... - this is my ...(female)
está nevando - it is snowing
la estación - station
el estadio - stadium
los Estados Unidos - USA
estáis - you (vosotros) are
estamos - we are
están - they/you (ustedes) are
la estantería - shelving
estás - you (tú) are
al este de ... - to the east of ...
estimado/a - dear (formal start to a letter)
estoy - I am
estoy ahorrando - I am saving up
estoy en huelga - I am on strike
estoy libre - I'm free
estrecho/a - narrow; tight
las estrellas - stars
estudia - he/she studies, you (usted) study
estudio - I study
estupendo/a - marvellous
estuve - I was
estuvieron - they/you (ustedes) were
Europa - Europe
la excursión - trip

F

fácil - easy
¡facilísimo/a! - very easy
falta Juan - Juan is missing
¿qué falta? - what is missing?
¿quién falta? - who is missing?
faltan x minutos - there are x minutes to go
fatal - terrible
favorito/a - favourite
feo/a - ugly
¡felicidades! - best wishes; congratulations
¡feliz Año Nuevo! - Happy New Year
felices fiestas - happy holidays

Vocabulario

¡fenomenal! - terrific!
la fiesta - party
la fiesta sorpresa - surprise party
¡fíjate! - just imagine!
fijo/a - fixed
al final de - at the end of
el flamenco - Andalucian dance
el flan - cream caramel
la flor de Navidad - poinsettia
la foto - photo
fregar el suelo - to wash the floor
friego el suelo - I wash the floor
frío/a - cold
hace frío - it is cold
la fruta - fruit
fue - he/she/it you (usted) went
fue a pie - he/she/you (usted) went on foot
fue en coche - he/she/you (usted) went by car
¿te fue todo bien? - did everything go well for you (tú)?
el fuego - fire
fueron - they/you (ustedes) went
fueron en autobús - they/you (ustedes) went by bus
fui - I went
fui al cine - I went to the cinema
fuimos - we went
fuiste - you (tú) went
¿fuma usted? - do you smoke?
fumadores - smoking
no fumadores - no smoking
fumar - to smoke

G

el gaélico - Gaelic
las gafas de sol - sunglasses
ganarse la vida - to earn a living
ganar la lotería - to win the lottery
la gaseosa - lemonade; fizzy drink
se gasta - he/she spends, you (usted) spend
gastarse - to spend
me lo gasto en ... - I spend it on ...
el gel de baño - shower gel
¡genial! - great!
la gente - people
el globo - balloon
el gorro - cap
el gorro de baño - bathing cap
gracias - thank you
el gramo - gramme
grande - big
gris - grey
gritar - to shout
el guacamole - guacamole
guapo/a - good looking
el guardia - ranger/warden
la guitarra - guitar
me gusta ésta - I like this one (feminine object)
me gusta éste - I like this one (masculine object)
me gusta(n) - I like (it/them)
me gustaría - I would like

H

hace (mucho) frío - it is (very) cold
hace buen tiempo - it is nice weather
hace calor - it is hot
se hace el loco - he/she fools

around, you (usted) fool around
os hace(n) falta - you (vosotros) need
hace sol - it is sunny
hace viento - it is windy
le hace(n) falta - he/she/it needs, you (usted) need
les hace(n) falta - they/you (ustedes) need
me hace(n) falta - I need
no me hace(n) falta - I don't need
nos hace(n) falta - we need
te hace(n) falta - you (tú) need
hacer - to do/to make
hacer una fiesta en casa - to have a party at home
hacer falta - to need
hago - I do/make
hago la cama - I make the bed
hago la(s) compra(s) - I do the shopping
no hago nada - I don't do anything
hay - there is/there are
¿hay aseos por aquí? - are there toilets near here?
¿hay pan? - is there bread?
hay tormenta - there is a storm/it is stormy
no hay - there isn't/aren't any
hecho/a de - made of
el helado - ice-cream
me herí - I hurt myself
la herida - injury
herir - to injure
la hermana - sister
el hermano - brother
el hermano pequeño - younger brother
hice - I did/made
hice los deberes - I did my homework
hicieron - they/you (ustedes) did/made
hicimos - we did/made
hicimos mucho ruido - we made a lot of noise
hiciste - you (tú) did/made
hicisteis - you (vosotros) did/made
la historia - history
histórico/a - historical
hizo - he/she/it/you (usted) did/made
¿hizo buen tiempo? - was it nice weather?
hizo frío - it was cold
la hora - time
¿a qué hora? - at what time?
¿a qué hora sale el tren? - what time does the train leave?
¿a qué hora te acuestas? - at what time do you go to bed?
¿a qué hora te levantas? - at what time do you get up?
el horario - timetable
el hospital - hospital
hoy - today
hubo - there was
el huevo - egg
el humor - mood

I

la iglesia - church
importante - important
la industria - industry
la industria principal es ... - the main industry is ...
la información - information
Inglaterra - England
el inglés - English
me interesa(n) - I'm interested in
interesante - interesting
el invierno - winter
ir - to go
ir a la casa de unos amigos - to go to the house of some friends
ir a la playa - to go to the beach
ir de compras - to go shopping
ir de excursión - to go on a trip
las Islas Malvinas - the Falklands
el italiano - Italian
a la izquierda - to the left
a la izquierda de - to the left of

J

el jabón - soap
el jamón serrano - smoked ham
el jardín precioso - beautiful garden
el jersey - jumper
el jinete - rider
el jóven - young person
juego al tenis de mesa - I play table tennis
jueves - Thursday
jugar al fútbol - to play football
jugar al hockey - to play hockey
jugar al tenis - to play tennis
el jugo de tomate - tomato juice
jugué al fútbol - I played football
el juguete - toy

K

un kilo de - a kilo of

L

al lado de - next to
el lago - lake
la lámpara - lamp
la lata de - tin of
la lata de sardinas - tin of sardines
se lava - he/she/it washes, you (usted) wash
la lavadora - washing machine
lavar - to wash
lavarse - to wash (oneself)
lavo - I wash
me lavo - I wash myself
lavo los platos - I wash the dishes
la lección - lesson
leer - to read
leí - I read
está lejos - he/she/it is far away, you (usted) are far away
levantarse - to get up
te levantaste - you (tú) got up
me levanto - I get up
me levanto a - I get up at...
libre - free
está libre - it is free
¿está libre este asiento? - is this seat free?
el libro - book
la limonada - lemonade
limpiar - to clean
limpio - I clean
un litro de - a litre of
lo de siempre - the usual

lo suficiente - enough
loco/a - crazy
hacerse el
loco/a - to fool around
el lugar - place
la luna - moon
lunes - Monday

LL

llega a las - it arrives at
la llegada - arrival
llegar - to arrive
llover - to rain
llueve - it rains
me lo/la
llevo - I'll take it
me los/las
llevo - I'll take them
está lloviendo - it is raining
llovió - it rained
la lluvia - rain

M

el maíz - corn
mal - bad
mal tiempo - bad weather
la maleta - suitcase
malo/a en - bad at
mañana - tomorrow
la mañana - morning
la mano - hand
el mantel - tablecloth
el mapa - map
marcar tres goles - to score three
goals
marrón - brown
martes - Tuesday
más - more
más a menudo - more often
más tarde - later
mató - he/she/it/you (usted) killed
el matrimonio - marriage; wedding
media docena - half a dozen
medio litro de - half a litre of
el mediodía - midday
el Mediterráneo - Mediterranean
mejor - better
a lo mejor - maybe
la mentira - lie
a menudo - often
el mes - month
al mes - a month
la mesa - table
mete - put (tú)
por metro - by tube
la mezquita - mosque
mi - my
la miel - honey
miércoles - Wednesday
mira - look (tú)
la misa - mass
la misa del gallo - midnight mass
la mochila - rucksack
moderno/a - modern
mojado/a - wet
la montaña - mountain
me mordió - it bit me
la moto - motorcycle
en moto - by motorcycle
mucho gusto - pleased to meet you
una multa - a fine
el mundo - world
el museo - museum
el músico - musician
muy - very

N

el nacimiento - birth; crib scene
nació - he/she/it was born, you
(usted) were born
nada - nothing
nada más - nothing else
la naranjada - orangeade
está nevando - it is snowing
la nevera - fridge
nevó - it snowed
ni un duro! - not a penny!
la nieve - snow
el Niño Jesús - baby Jesus
los niños - children
no puedo más - I can't eat
anything else
no sé - I don't know
la noche - night
la Nochebuena - Christmas Eve
la Nochevieja - New Year's Eve
normalmente - normally
al norte de - to the north of
Norte América - North America
noveno/a - ninth
está nublado - it is cloudy
nuevo/a - new
nunca - never

O

octavo/a - eighth
ocupado/a - taken/occupied
está ocupado - it is taken
ocuparon - they/you (usted)
occupied
ocupó - he/she/it/you (usted)
occupied
odiar - to hate
odio - I hate
al oeste de - to the west of
la oficina - office
la oficina de objetos perdidos - lost
property office
oiga, por favor - excuse me (usted)
el ordenador - computer
el oro - gold
la orquídea - orchid
el otoño - autumn
otra vez - again
¡oye! - hey!

P

el Pacífico - Pacific Ocean
la paga - pocket money
pagar - to pay
el país - country
el pajarito - little bird
la palabra - word
el palacio real - royal palace
el palacio - palace
pálido/a - pale
el palo - stick
el pan - bread
la panadería - bread shop
la pandilla - gang/group (of friends)
el paquete - packet
un par de horas - a couple of hours
para 15 días - for 15 days
la pared - wall
el parque - park
el parque acuático - aqua park
el partido - game/match
el partido de fútbol - football game
pasado mañana - day after
tomorrow

pásame ... - pass me ... (tú)
pasar - to pass; happen
pasearse - to go for a stroll
paseé - I walked
el paseo - walk
paso - I pass
paso la aspiradora - I vacuum clean
el paso subterráneo - subway
¿qué más
pasó? - what else happened?
la pasta de dientes - toothpaste
la pastelería - cake shop
los pasteles - cakes
las patatas fritas - crisps
los patines - skates
en patines - on skates
el pavo - turkey
el peine - comb
es peligroso/a - it is dangerous
el pepino - cucumber
pequeño/a - small
perdón - excuse me
la perfumería - perfume shop
el periódico - newspaper
pero - but
la pesadilla - nightmare
el pescado - fish
pescar - to fish
pesqué - I fished
picar - to chop; to sting
me picó - it stung me
el pie - foot
a pie - on foot
pierdo - I lose; I miss
pierdo el autobús - I miss the bus
la pierna - leg
la pimienta - pepper
el pimiento - green pepper
la piñata - (party game: ceramic pot
filled with sweets, broken with a
stick)
el pinchazo - puncture
la piscina - swimming pool
el piso - flat; floor
planchar - to iron
plancho - I iron
la planta - floor
la planta baja - ground floor
¿en qué
planta está? - which floor is
it on?
el plato - plate; dish
la playa - beach
las playeras - canvas pumps
la plaza de toros - bull ring
la plaza - square
población de x mil/millones -
population of x thousand/million
un poco - a little
podéis - you (vosotros) can
podemos - we can
poder - to be able to
el polaco - Polish
la policía - police
el polideportivo - sports centre
pon ... en remojo - soak ...
pongo - I put
pongo la ropa en la lavadora - I
put the clothes in the washing
machine
por dónde se va a ...? - how do
you get to ...?
por la mañana - in the morning

por la tarde - in the afternoon
¿por qué? - why?
¿por qué no? - why not?
porque me gusta(n) - because I like it/them
porque no me gusta(n) - because I don't like it/them
el portugués - Portuguese
la posada - shelter
la postal - postcard
los posters - posters
preparaste - you (tú) prepared
el precio - price
precioso/a - beautiful
preocupado/a - worried
preparar - to prepare
presentar a - to introduce
te presento a mi/mis ... - I introduce you to my ...
la prima - cousin (female)
la primavera - spring
primero/a - first
la primera planta - first floor
el primo - cousin (male)
probé - I tried/tasted
el problema - problem
el programa favorito - favourite programme
estar prohibido/a - to be forbidden
la promesa - promise
proteger - to protect
el pueblo - town
mi pueblo es - my town is
puede - he/she/it/you (usted) can
pueden - they/you (ustedes) can
puedes - you (tú) can
puedes venir - you (tú) can come
puedes ver - you (tú) can see
puedo - I can
no puedo hacer los deberes - I can't do my homework
no puedo más - I can't eat anymore
¿puedo reservar un asiento? - can I reserve a seat?
pues hay - well, there is/are
el pupitre - desk

Q

¿qué bebiste? - what did you (tú) drink?
¡qué bien! - great!
¡qué cara tienes! - what a cheek!
¿qué comiste? - what did you (tú) eat?
¡qué desastre! - what a disaster!
¿qué desea? - what would you (usted) like?
¡qué día! - what a day!
¡qué exagerado/a eres! - how you exaggerate!
¡qué frío hace! - how cold it is!
¿qué hacemos? - what shall we do?
¿qué haces? - what are you (tú) doing?
¿qué hay de interés en tu pueblo/barrio? - what is there of interest in your town/area?
¿qué llevaste? - what did you take with you/wear?
¿qué más? - what else?
¡qué miedo! - how scary!
¿qué quieres tomar? - what would you (tú) like to eat/drink?
¿qué tal dormiste? - how did you (tú) sleep?

¿qué te parece Sevilla? - what do you think of Sevilla?
¿qué te pasa? - what's wrong?
¿qué te pones para salir? - what do you put on to go out?
¿qué tiempo hace? - what is the weather like?
¡qué tonto/a eres! - how silly you (tú) are!
¿que tuviste que hacer? - what did you (tú) have to do?
se queda - he/she/it/you (usted) stays
quedarse - to stay
quedarse en casa - to stay at home
me quedo - I stay
querer - to want
el queso - cheese
¿quiénes son? - who are they?
¿quieres ...? - do you (tú) want ...?
¿quieres bailar? - do you (tú) want to dance?
¿quieres más ...? - do you (tú) want more ...?
¿quieres venir? - do you (tú) want to come?
¿quieres ver la tele? - do you (tú) want to watch TV?
quiero - I want
quiero comprar un billete para ... - I want to buy a ticket to go to ...
quiero invitarte a pasar el fin de semana en ... - I want to invite you to spend the weekend in ...
quiero ir ... - I want to go ...
quinto/a - fifth

R

la radio - radio
rápido/a - fast
el rascacielos - skyscraper
un rato - a while
el regalo - present
reservado/a - reserved
reservar un asiento - to reserve a seat
los restos - the remains
la revista - magazine
los Reyes Magos - the three kings
rico/a - rich
el riesgo - risk
el río - river
riquísimo/a - very tasty
la rodilla - knee
rojo/a - red
romántico/a - romantic
la ropa - clothes
la ropa interior - underwear
el ruido - noise
las ruinas - ruins
el ruiseñor - nightingale
la ruta - route
la rutina diaria - daily routine

S

sábado - Saturday
la sábana - sheet
sacar - to take out
sacar fotos - to take photos
saco - I take out
la sal - salt
la sala de espera - waiting room
sale a las ... - it leaves at ...
salí a pasear - I went out for a stroll
la salida - exit
salir a bailar - to go out to dance
salir a cenar - to go out to dinner

salir a patinar - to go out skating
salir con amigos - to go out with friends
salir con un chico guapo/una chica guapa - to go out with a good looking boy/girl
saludar - to greet
la sangre - blood
el santo - saint; saint's day
las sardinas - sardines
se sintieron fatal - they/you (ustedes) felt terrible
se sintió mal - he/she/it/you (usted) felt bad
el secador - hair dryer
la sección - department
la sección audiovisual - audio visual department
la sección de caballeros - men's department
la sección de señoras - women's department
la sección de juguetes - toy department
la sede - headquarters
segundo/a - second
la selva - forest
la semana pasada - last week
Semana Santa - Holy Week
a la semana - a week
¡sensacional! - sensational!
sentí - I felt
me sentí bien - I felt well
sentimos - we felt
sentir - to feel
sentisteis - you (vosotros) felt
el servicio médico - medical service
la servilleta - napkin
sexto/a - sixth
siempre - always
lo siento - I'm sorry
me siento bien/mal - I feel well/bad
siga todo recto - carry straight on (usted)
sigo - I follow
sigue a pie - carry on on foot (tú)
sigue todo recto - carry straight on (tú)
la silla - seat
simpático/a - nice
sintieron - they/you (ustedes) felt
sintió - he/she/it/you (usted) felt
¿te sirvo ...? - shall I serve you ...?
sobre - on; over
¡socorro! - help!
el sol - sun
la sombra - shade
el sombrero - hat
son - they/you (ustedes) are
la sopa - soup
¡sorpresa! - surprise!
Sudamérica - South America
el suelo - floor
el sueño - dream
sufre - he/she/it suffers, you (usted) suffer
al sur de - to the south of

T

la tableta de chocolate - bar of chocolate
también - also
tampoco - neither
yo tampoco - me neither
las tapas - snacks

la taquilla - ticket office
la tarde - afternoon
la tarjeta postal - postcard
el taxi - taxi
en taxi - by taxi
la taza - cup
el teatro - theatre
el teléfono - telephone
la televisión - television
temprano - early
el tenedor - fork
tener - to have
tener que - to have to
tengo - I have
tengo ganas de verte - I want to see
you (tú)/I feel like seeing you
tengo hambre - I'm hungry
tengo sed - I'm thirsty
tengo sueño - I'm sleepy
tercero/a - third
la tercera calle - third street
el terremoto - earthquake
la tetera - tea pot
el tiempo - time; weather
¿cuánto
tiempo falta? - how much time
is left?
¿qué tiempo hace? - what is the
weather like?
las tiendas - shops
la tira cómica - cartoon strip
la tirita - plaster
la toalla - towel
el tocador de discos
compactos - CD player
tocando - playing (instrument)
todas las mañanas - every morning
todas las noches - every night
todas las semanas - every week
todos los días - every day
toma la primera a la derecha - take
the first on the right (tú)
toma la primera calle - take the
first street (tú)
tomamos - we take
tomar - to take
tomar el sol - to sunbathe
tomaron - they/you (ustedes) took
¿tomas ...? - do you (tú) take ..?
tomaste - you (tú) took
tomasteis - you (vosotros) took
tomé - I took
tomé el sol - I sunbathed
tomó - he/she/it/you (usted) took
la tormenta - storm
la torre - tower
la tortilla - omelette
el trabajo - work
menos
tráfico - less traffic
el traje - suit
los trastos - stuff
el tren de vapor - steam train
en tren - by train
triste - sad
la trompeta - trumpet
el trozo - piece
tumbarse - to lie down
el turismo - tourism
tuve - I had
tuve que - I had to
tuve que estudiar - I had to study
tuve que volver a casa - I had to
return home
tuvieron - they /you (ustedes) had

tuvimos - we had
tuviste - you (tú) had
tuvisteis - you (vosotros) had
tuvo - he/she/it/you (usted) had

U

el/la último/a - the last one
un - a/an (masculine)
una - a/an (feminine)
uno/a - one

V

las vacaciones - holidays
la vainilla - vanilla
¿vale? - ok?
el valle - valley
vamos pronto - we go soon
los vaqueros - jeans; cowboys
varían - they vary
¿vas a salir? - are you (tú) going to
go out?
el vaso - glass
a veces - sometimes
los vehículos - vehicles
veo - I see
ver la tele - to watch TV
a ver - let's see
el verano - summer
verde - green
vi un vídeo - I saw a video
la vía - track/platform
el viaje dura ... - the journey lasts ...
el vídeo - video
el videojuego - video game
el viento - wind
viernes - Friday
los villancicos - Christmas carols
el vinagre - vinegar
el violín - violin
los visitantes - visitors
vivimos en la calle ... - we live at ...
el volcán - volcano
voy a - I'm going to
voy a acostarme pronto - I'm going
to go to bed early
voy a ahorrar para mis vacaciones
- I'm going to save up for my
holidays.
voy a arreglar mi dormitorio - I'm
going to tidy up my room
voy a ayudar en casa - I'm going to
help at home
voy a hacer los deberes - I'm going
to do my homework
voy a jugar al baloncesto - I'm
going to play basketball
voy a lavar el coche - I'm going to
wash the car
voy a lavar los platos - I'm going
to wash the dishes
voy a levantarme temprano - I'm
going to get up early
voy a limpiar el polvo - I'm going
to dust
voy a pasar la aspiradora - I'm
going to vacuum clean
voy a poner la mesa - I'm going to
set the table
voy a preparar el desayuno - I'm
going to prepare breakfast
voy a salir - I'm going to go out
vuelvo a casa pronto/tarde - I
return home early/late

Y

ya está - that's it/it's ready

Z

la zanahoria - carrot
las zapatillas deportivas - sports shoes
los zapatos - shoes
el zumo de manzana - apple juice
el zumo de naranja - orange juice

Las instrucciones

Busca las palabras en el diccionario - Look the words up in a dictionary

Cierra el libro - Close the book

Compara ... con ... - Compare ... with ...

Contesta las preguntas - Answer the questions

Copia y completa - Copy and complete

Corrige las frases que son falsas - Correct the sentences which are false

¿Cuánto tiempo dura el viaje? - How long does the journey last?

Describe ... - Describe ...

Elige las palabras apropiadas - Choose the appropriate words

Empareja ... con ... - Match ... with ...

Emplea el diálogo - Use the dialogue

Escribe sobre ... - Write about ...

Escucha la cinta - Listen to the tape

Haz el papel de ... - Play the role of ...

Imagina que ... - Imagine that ...

Juega el juego con tu pareja - Play the game with your partner

Lee la tira cómica/el artículo - Read the cartoon strip/article

Lee sobre ... - Read about...

Mira a ver si ... - Look to see if ...

Mira el dibujo - Look at the drawing

Pide ... - Ask for ...

Pon las frases en el orden correcto - Put the sentences in the correct order

Por turnos ... - Take it in turns to ...

Pregunta a tu pareja - Ask your partner

¿Qué hay ...? - What is/are there ...?

¿Qué hay de interés en ...? - What is there of interest in ...?

Sigue las direcciones - Follow the directions

Sigue las instrucciones - Follow the instructions

¿Son verdad o mentira? - Are they true or false?

Suma ... - Add up ...

Trabaja con tu pareja - Work with your partner

Trabaja en grupos de tres personas - Work in groups of three people

Vocabulario inglés – español

This short list of important words and phrases will help you with writing activities.
You will find it useful when writing messages, letters and postcards.

to be able - poder
above - sobre
again - otra vez
also - también
and - y
to arrive - llegar
I ate - comí
we ate - comimos
attraction - la atracción
autumn - el otoño

beach - la playa
beautiful - precioso/a
bed - la cama
to go to bed - acostarse
before - antes (de)
at the beginning of ... - a
principios de ...
behind - detrás (de)
between - entre
at the bottom - abajo
to have breakfast - desayunar
bridge - el puente
buildings - los edificios
it is built - está construido
but - pero
to buy - comprar

camera - la cámara
I can - puedo
we can - podemos
carpet - la alfombra
cathedral - la catedral
chair - la silla
to change - cambiarse
cheap - barato/a/os/as
Christmas - la Navidad
Christmas Eve -
la Nochebuena
Christmas carol -
el villancico
church - la iglesia
to clean the bathroom - limpiar
el cuarto de baño
it is cloudy - hay niebla
it is cold - hace frío
to come - venir
comfortable - cómodo/a/os/as
compact disc player - el
tocador de discos compactos
to confirm - confirmar
I cook - cocino/preparo la
comida
it costs - cuesta
how much does it
cost? - ¿cuánto cuesta/vale?
cross - cruza
cupboard - el armario

dear - querido/a
deodorant - el desodorante
desk - el pupitre
dessert - el postre
to wash the dishes - lavar los platos
to do - hacer
to do the ironing - planchar

to do the shopping - hacer la(s)
compra(s)
dream - el sueño
to drink - beber
drinks - las bebidas
during - durante

early - pronto/temprano
east - el este
Easter holidays -
la Semana Santa
easy - fácil
at the end - al final
in the evening - por la tarde
every - todo/a/os/as
every day - todos los días
expensive - caro/a/os/as

to fall - caerse
it is far - está lejos
fast - rápido/a/os/as
to feel well/good - sentirse
bien
to find - encontrar
to pay a fine - pagar una multa
to light a fire - encender un fuego
first - primer/primero/a
primeros/as
to fish - pescar
floor - el piso, la planta
football game/match - el
partido de fútbol
for - por/para
it is forbidden - se prohibe, está
prohibido
fortnight - 15 días
I'm looking forward to ... - tengo
muchas ganas de ...
to be free - estar libre
from - de
in front of - delante de
it is fun - es divertido/a

how do you get to ...? - ¿cómo se va a ...?
/¿por dónde se va a ...?
to get up - levantarse
they give me - me dan
do they give you money? - ¿te dan
dinero?
glass - el vaso
go straight on - sigue todo
recto
to go to ... - ir a ...
grams - los gramos

hairdryer - el secador
half - medio/a
I hate - odio
I have to ... - tengo que ...
you have to ... - tienes que ...
to help at home - ayudar
en casa
around here - por aquí
historical - histórico/a/os/as
holiday - las vacaciones
at home - en casa

to hoover - pasar la aspiradora
it is hot - hace calor
how? - ¿cómo?
how many? - ¿cuántos/as?
how much? - ¿cuánto
es/cuesta/vale?
to be hungry - tener hambre

good idea - buena idea
incredible - increíble
industry - la industria
information - la información
to be injured - estar herido/a
inside - dentro (de)
of interest - de interés
invitation - la invitación
I'd like to invite you to ... - quiero
invitarte a ...

job - el trabajo
journey - el viaje
I have just ... - acabo de ...

I know him/her - le conozco
do you know him/her ? - ¿le
conoces?, ¿conoces a ...?
we know each other - nos
conocemos

lake - el lago
lamp - la lámpara
last - último/a/os/as
last week - la semana pasada
at last - por fin
late - tarde
later - más tarde/adelante
the train leaves - sale el tren
on the left - a la izquierda
less - menos
I would like ... - me gustaría ...
would you like ... - ¿te gustaría?
litre - el litro
a little - un poco
how long does it last/take? -
¿cuánto tiempo dura?
to lose - perder
a lot - mucho/a/os/as
I would love (to) - me encantaría
good luck - buena suerte
bad luck - mala suerte
to be lucky - tener suerte
lunch - la comida
to have lunch - comer

main - principal
to make the bed - hacer la cama
make-up - los cosméticos
so many - tanto/a/os/as
market - el mercado
what is the matter? - ¿qué (te) pasa?
meat - la carne
mirror - el espejo
money - el dinero
more - más
mountains - las montañas

ciento veintisiete **127**

narrow - estrecho/a/os/as
it is near - está cerca
I need - necesito, me hace falta
never - nunca
nightmare - la pesadilla
north - el norte

it opens - abre
opposite - enfrente de
or - o

packet - el paquete
to pay - pagar
phone call - la llamada
to phone - llamar por teléfono
to take photos - sacar fotos
to have a picnic - comer al aire libre
place - el lugar
plate - el plato
to play - jugar
pleasant - agradable
pocket money - el dinero/la paga
pollution - la contaminación
postcard - la (tarjeta) postal
poster - el póster
to prefer - preferir
present - el regalo
to give presents - regalar
price - el precio
puncture - el pinchazo
put - pon
to put the washing in the machine - ponger la ropa en la lavadora

radio - la radio
it is raining - llueve, está lloviendo
to get ready - prepararse
recipe - la receta
regards - saludos
to remember - acordarse
to reserve - reservar
to return - volver
rice - el arroz
on the right - a la derecha
river - el río
romantic - romántico/a/os/as
rucksack - la mochila
to run - correr

to be sad - estar triste
salt - la sal
to save - ahorrar
I am saving up for ... - estoy ahorrando para ...
to score - marcar
sea - el mar
seat - el asiento
second - segundo/a/os/as
to see - ver
I share with ... - comparto con ...
sheet - la sábana
shelving - la estantería
shop - la tienda
shopping centre - el centro comercial
to have a shower - ducharse
shower gel - el gel de baño
singer - el/la cantante
to skate - patinar
to sleep - dormir
I don't smoke - no fumo
it is snowing - nieva, está nevando

sometimes - a veces
see you soon - hasta pronto
I am sorry - (lo) siento
south - el sur
to spend - gastar
I spend it on ... - me lo gasto en ...
what do you spend your money on? - ¿en qué te gastas el dinero?
to spend a few days - pasar unos días
sports centre - el polideportivo
sports shoes - las zapatillas deportivas
spring - la primavera
square - la plaza
stadium - el estadio
to start - empezar
station - la estación
to stay - quedarse
it is stormy - hay tormenta
street - la calle
suitcase - la maleta
summer - el verano
to sunbathe - tomar el sol
sunglasses - las gafas de sol
to be sunny - hacer sol
suntan lotion - el bronceador
supermarket - el supermercado
I am sure - estoy seguro/a
surprise - sorpresa
to sweep the floor - barrer el suelo
to swim - practicar la natación, bañarse
swimsuit - el bañador

table - la mesa
to take - tomar
take the first on the left - toma la primera a la izquierda
to take out the rubbish - sacar la basura
team - el equipo
teenager - el/la joven
tell me - dime
there is/are - hay
what is there? - ¿qué hay?
I think that ... - creo/pienso que ..., me parece que...
what do you think? - ¿qué crees/piensas?, ¿qué te parece?
third - tercero/a/os/as
to be thirsty - tener sed
this - éste/ésta/éstos/éstas
ticket - el billete
entrance ticket - la entrada
season ticket - el abono
I tidy my room - arreglo mi dormitorio
to have a good time - divertirse
today - hoy
on top of - encima de
traffic - el tráfico
train - el tren
training - el entrenamiento
to go on a day trip - ir de excursión
it is true - es verdad/cierto

to try - probar
turn - dobla
tourism - el turismo

ugly - feo/a/os/as
until - hasta
the same as usual - lo de siempre
usually - normalmente, generalmente

valley - el valle
on a visit - de visita

to wake up - despertarse
to go for a walk - ir de paseo, pasearse
wall - la pared
wardrobe - el armario
I was - fui
it was - fue
to have a wash - lavarse
to wash the dishes - lavar los platos
to wash the floor - fregar el suelo
it is bad weather - hace mal tiempo
it is good weather - hace buen tiempo
what is the weather like? - ¿qué tiempo hace?
a week - por semana
weekend - el fin de semana
I went - fui
you went - fuiste
he went - fue
we went - fuimos
I went out - salí
west - el oeste
what? - ¿qué?
what is it like? - ¿cómo es?
when? - ¿cuándo?
where is/are ...? - ¿dónde está/n ...?
where are you? - ¿dónde estás/estáis/están?
where are you going? - ¿adónde vas?
which? - ¿cuál?
a while - un rato
who? - ¿quién?
to win - ganar
it is windy - hace viento
winter - el invierno
with - con
wonderful - estupendo/a/os/as
woods - el bosque
to work - trabajar

New Year - el Año Nuevo
New Year's Resolutions - buenos propósitos para el Año Nuevo
Happy New Year! - ¡Feliz Año Nuevo!
yesterday - ayer
your - tu/su